RÈGLEMENT

SUR

LES EXERCICES DE LA CAVALERIE.

LÉAUTEY, Imprimeur de la Gendarmerie
Rue Saint-Guillaume, 23.

MINISTÈRE DE LA GUERRE.

RÈGLEMENT

SUR

LES EXERCICES DE LA CAVALERIE.

ÉCOLE DU PELOTON A CHEVAL
ÉCOLE DE L'ESCADRON A CHEVAL
ÉCOLE DU RÉGIMENT.

Approuvé par le Ministre de la guerre le 12 juillet 1873
et rendu applicable à la Gendarmerie
par décision ministérielle du 27 avril 1876.

PARIS

LÉAUTEY, LIBRAIRE-ÉDITEUR

RUE SAINT-GUILLAUME, 23

1876.

MINISTÈRE
DE LA GUERRE.

Décision 27 avril 1876.

NOTE

*Concernant l'application à la gendarmerie
du règlement sur les exercices de la cavalerie
du 12 juillet 1875.*

I. Le règlement sur les exercices de la cavalerie, approuvé par le ministre de la guerre le 12 juillet 1875, sera immédiatement appliqué dans la gendarmerie, en ce qui concerne l'école du peloton à cheval et l'école d'escadron à cheval.

II. Provisoirement, il ne sera pas fait usage du trot enlevé qui n'a encore été enseigné aux gendarmes ni dans les régiments, ni dans les brigades.

III. A l'école de l'escadron à cheval, lorsqu'il n'y aura pas d'officier remplissant les fonctions de capitaine en second, on supprimera tous les détails relatifs à cet emploi.

Dans le même cas, on remplacera l'avant-dernier paragraphe de l'article 67 par le texte suivant :

« Jusqu'à ce que les pelotons et leurs chefs soient
« complètement instruits, le capitaine commandant
« se porte partout où il juge sa présence nécessaire,
« pour surveiller l'exécution des mouvements et
« particulièrement les chefs de peloton. Alors, le
« chef du 2ᵉ peloton est, en principe, le guide de la
« marche en bataille dans les conditions prescrites
« au n° 91. Le capitaine commandant n'est astreint
« à reprendre sa place réglementaire que pour faire
« ses commandements.

1.

4

« Lorsque l'escadron est suffisamment instruit,
« le capitaine commandant le fait manœuvrer en
« servant lui-même de guide, soit dans la marche
« en bataille, soit dans la marche en colonne. »

IV. Provisoirement, les écoles du cavalier à pied
et à cheval, l'école du peloton à pied et l'école d'escadron à pied, continueront à être enseignés conformément au règlement sur les exercices à pied et
à cheval de la gendarmerie.

MINISTÈRE
DE LA GUERRE.

Direction générale
du personnel
et du matériel.

—

2º SERVICE.

—

3º BUREAU.

—

CAVALERIE.

Versailles, le 12 juillet 1875.

MM. les Gouverneurs militaires de Paris et de Lyon ;

les Généraux commandant les corps d'armée :

les Généraux commandant les divisions, les brigades de cavalerie et les écoles militaires :

les Chefs des corps de cavalerie.

MESSIEURS, *des changements aussi considérables que ceux qui se sont introduits depuis quelques années dans la constitution des armées, et des perfectionnements analogues à ceux qui se réalisent tous les jours dans le tir des armes à feu portatives et dans celui de l'artillerie, ne pouvaient rester sans effet sur l'action de la cavalerie.*

J'ai donc fait rechercher les moyens d'approprier la tactique de l'arme aux exigences d'une situation nouvelle qui diffère essentiellement de celle que visaient l'ordonnance du 6 décembre 1829 et le règlement provisoire de 1872. En effet, il faut aujourd'hui à la cavalerie des mécanismes plus simples, susceptibles de lui garantir plus de mobilité et de développer sa puissance dans le mouvement offensif.

C'est dans ce sens et en vue de donner à l'arme de la cavalerie les moyens de se maintenir à hauteur de son rôle, que j'ai fait établir les écoles d'ensemble qu'accompagne la présente circulaire.

Ces écoles ne constituent qu'une partie des améliorations qu'il y a lieu d'apporter dans le règlement sur les exercices de la cavalerie ; mais cette partie est assez considérable pour qu'il m'ait paru utile de décider qu'il en serait fait une application immédiate dans tous les corps de cavalerie, ainsi qu'à l'école d'application de l'arme et à la section de cavalerie de Saint-Cyr.

Quant aux simplifications à introduire dans les titres du règlement sur les exercices de la cavalerie qui traitent de l'instruction du cavalier, bien que ces simplifications soient également réclamées par des considérations sérieuses, j'ai cru devoir les ajourner encore, afin de ne pas apporter un trouble trop profond parmi les instructeurs subalternes en modifiant à la fois et ce qui a trait à l'emploi de l'arme et ce qui s'applique aux détails de l'instruction individuelle des cavaliers. Les réformes les plus urgentes étaient d'ailleurs celles intéressant l'instruction d'ensemble ; c'est donc à celles-là que je me suis d'abord attaché.

Vous remarquerez que les changements apportés au maniement des fractions constituées consistent :

Dans la suppression de tous les mouvements qui n'ont pas paru indispensables ;

Dans une notable réduction des commandements,

auxquels le geste est substitué toutes les fois que sa signification est suffisante ;

Enfin, dans l'adoption d'un certain nombre de principes nouveaux qui conduiront, j'en suis convaincu, à donner aux exercices de la cavalerie un caractère pratique se rapprochant autant que possible des conditions réelles de l'emploi de l'arme.

J'ai l'honneur de vous prier, Messieurs, d'assurer, chacun en ce qui vous concerne, l'exécution des dispositions contenues dans la partie du nouveau règlement dont j'ai décidé l'application immédiate.

Recevez, Messieurs, l'assurance de ma considération la plus distinguée.

Le Ministre de la Guerre,

Gal E. DE CISSEY

AVANT-PROPOS.

—

Afin que chacun se pénètre du but et de
la portée des modifications que ce nouveau
règlement apporte dans les anciens modes
d'instruction de la cavalerie, il est indispen-
sable d'indiquer quels sont les principes fon-
damentaux du système qui va se substituer
aux procédés de l'ordonnance de 1829 et du
règlement de 1872 ; ces principes sont :

Adoption de la règle qui fait de l'officier,
quel que soit son grade, le guide et le conducteur de sa troupe ;

Suppression des inversions ;

Indépendance relative des différentes sub-
divisions tactiques ; enfin, extension d'une
idée pratique qui consiste à ne jamais envisager que le but et à considérer les moyens
de l'atteindre comme n'ayant qu'une valeur
relative.

*La suppression du guide à l'aile et son
placement en avant du rang* permettent de diriger une troupe, presque sans commandements, vers un point quelconque du terrain.
Ce principe très-fécond conduit à distinguer
la position de l'officier qui instruit sa troupe,

et doit dès lors se faire remplacer comme guide, de la position de ce même officier manœuvrant avec une troupe instruite, en vue d'un but déterminé. Cependant, et bien que le chef d'une troupe en soit le guide, il n'en recouvre pas moins l'indépendance de ses mouvements aussitôt qu'il le désire.

Il suffit, par exemple, au capitaine commandant ou au colonel de faire un geste pour reprendre toute sa liberté d'action; quant au chef de peloton, si par extraordinaire il doit s'éloigner de sa troupe, il faut qu'il l'en avertisse; car, sans cela, sa troupe le suivrait.

Il est bon de remarquer qu'en donnant pour guide au peloton celui qui le commande, on affermit l'action des officiers sur leurs hommes et l'on resserre les liens qui doivent unir une troupe à son chef. La mise en pratique de ce principe constitue une meilleure école de discipline que des manœuvres compliquées, lesquelles n'ont, du reste, en cela aucun avantage sur les manœuvres les plus simples.

La question des inversions a soulevé de trop longs débats dans le passé pour qu'il n'y ait pas lieu de la considérer comme jugée. Le nouveau règlement les supprime: les pelotons s'inversent dans l'escadron, les escadrons dans le demi-régiment, les demi-régiments dans le régiment. La nouvelle école du régiment crée de fait une subdivision tactique de plus, le *demi-régiment*, qui n'existait dans nos anciennes théories qu'à l'état de disposition tout à fait secondaire.

L'indépendance des différentes fractions constituées, quelle que soit l'unité principale à laquelle elles se rattachent, résulte logiquement du principe qui fait de l'officier le guide et le conducteur de sa troupe. L'application de cette règle rétablit la responsabilité là où elle doit être, en la reportant de la troupe à son chef; le peloton dans l'escadron, l'escadron dans le régiment, n'ont d'autre obligation que celle de se conformer aux mouvements de l'officier qui les commande.

A l'avantage de relever le rôle de l'officier et de confier à des mains autorisées l'importante mission de la direction, cette méthode joint celui de simplifier l'instruction, en limitant à l'école du peloton tout ce qui touche à l'éducation du cavalier et des gradés subalternes.

Le règlement n'employant sur le terrain d'exercices que des procédés dont il peut être fait usage en rase campagne, les lignes qui encadrent le terrain de manœuvre ne servent plus, en aucun cas, à assurer la marche. Un point de direction, tout à fait indépendant de ces lignes, est indiqué de la voix et du geste dans tous les mouvements, et la direction à suivre est donnée par le geste seul lorsqu'on ne peut choisir un point de direction suffisamment distinct.

La prédominance du but sur les moyens s'entend de la latitude dans le choix des directions, qui résulte, pour le chef, de l'absence de toute régularité mathématique, et de la faculté qu'il possède de porter sa troupe sur le point qu'on lui désigne, dans l'ordre le plus en rapport avec la nature du terrain, sans être tenu par une autre règle que celle du *plus court chemin*. La valeur de ce principe découle moins, du reste, des prescriptions renfermées dans le règlement que de l'esprit dans lequel il y aura lieu de l'interpréter. Il s'agit de donner aux exercices de la cavalerie une physionomie pratique et de la préparer à son rôle devant l'ennemi; or, des mouvements compassés, réglés sur les lignes qui encadrent le terrain, ne la conduiraient certainement pas à ce résultat.

Il importe de travailler à développer le jugement des officiers en les mettant aux prises avec les suppositions les plus variées. Les divers chapitres de la charge ont été rédigés, pour cette raison, sur un nouveau plan, et ils comprennent, non-seulement de nombreux exercices, mais tout un corps de doctrine sur l'emploi de l'arme, qu'il faut rendre familier à nos officiers de cavalerie.

Les tirailleurs ont été l'objet d'un remaniement considérable, qui les a débarrassés de prescriptions minutieuses et peu conformes à leur emploi.

La colonne serrée n'est plus qu'une disposition accessoire, qui dérive de la masse, et, pour plus de simplicité, on la déploie aux mêmes commandements que la colonne avec distance.

L'arrêt est habituellement supprimé dans les formations. Ce principe, qui répond au caractère essentiel de l'arme, la mobilité, supprime les alignements répétés ainsi que le tracé des lignes.

L'application des prescriptions contenues dans le nouveau règlement demande la réflexion et ne comporte point d'exécution machinale. Elle habitue l'officier, dès le terrain de manœuvre, à faire appel à son intelligence, afin qu'il se trouve plus tard moins embarrassé en présence des difficultés qu'il rencontre à la guerre.

Le règlement a écarté toutes les pratiques qui ne concourent pas directement à son but. Il s'est renfermé dans le strict nécessaire. Ne voulant pas envisager les cas particuliers, qui peuvent se multiplier à l'infini, il a limité ses règles aux cas généraux, laissant ainsi à chacun la somme d'initiative qui lui appartient.

On a donné au règlement la forme la plus simple possible, en évitant de multiplier et de trop préciser les détails, dans la pensée que ceux qui devront l'étudier seront amenés à se pénétrer de son esprit plutôt qu'à se préoccuper de la lettre; la connaissance de celle-ci, dans le cas où elle se produirait, ne devant plus être envisagée comme le but, mais seulement comme la conséquence du travail.

Le nouveau règlement est favorable à la conservation des chevaux, qui sera due, entre autres causes : à l'emploi du trot enlevé; à une plus grande aisance dans le rang; à la progression ordonnée pour les départs, les arrêts et les changements d'allure; à la rareté des arrêts; au mécanisme même des évolutions; enfin à la grande régularité et au calme des allures, qu'amène la continuité de la marche.

12 juillet 1875.

APPROUVÉ :

Le Ministre de la Guerre,

Gal **E. DE CISSEY.**

RÈGLEMENT

SUR LES

EXERCICES DE LA CAVALERIE.

ÉCOLE DU PELOTON A CHEVAL.

1. L'école du peloton a pour but de former les cavaliers au travail d'ensemble, et d'apprendre au peloton à exécuter tous les mouvements utiles à son emploi, soit isolément, soit dans l'escadron.

Les cavaliers sont en petite tenue, coiffure distinctive et en armes; ils ont la carabine tantôt à la grenadière et tantôt à la botte; les cuirassiers ont la cuirasse. Pour terminer l'instruction, les chevaux sont chargés.

Le peloton est composé de 24 ou 32 cavaliers (12 ou 16 files), y compris un gradé placé à chaque aile. Lorsqu'il ne se trouve pas 24 hommes dans le peloton, le premier rang est complété à 12 cavaliers, et les files creuses sont réparties sur les n°ˢ 2 et 3.

L'instructeur désigne le cavalier qui marque le centre du peloton; c'est le cavalier de

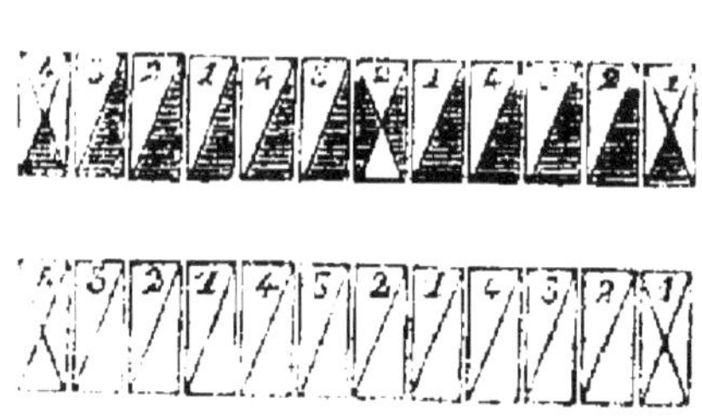

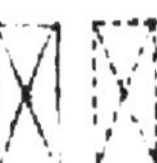 Guide.   Homme du centre.

Gradés des ailes 1er rang.

Gradés des ailes 2e rang.

 Cavaliers du 1er rang.

 Cavaliers du 2e rang.

gauche de la première moitié du peloton, lorsque le nombre de files est pair.

En instruction, le chef du peloton fait occuper sa place devant la troupe par un sous-
officier qui sert de guide.

Avant d'être exécutée sur deux rangs,
l'école du peloton se fait d'abord par rang, à
l'exception des ruptures et des formations.
Chaque rang est alors composé comme le premier rang du peloton complet.

Les mouvements sont exécutés au pas jusqu'à ce qu'ils soient bien compris: ensuite au
trot et enfin au galop, en observant d'employer cette dernière allure avec modération,
particulièrement dans la colonne de route (1).

L'instructeur fait décomposer les mouvements lorsqu'il le croit utile. Il se porte partout où il juge sa présence nécessaire, mais
particulièrement derrière le peloton pour
surveiller l'exécution des mouvements, ainsi

(1) Pour passer d'une allure à l'autre, il faut prendre progressivement la nouvelle allure et ne jamais
l'entamer brusquement. Ainsi, lorsqu'un peloton doit
partir au galop étant de pied ferme, les cavaliers doivent ébranler leurs chevaux au pas, continuer l'action
des aides pour passer au trot, qu'ils allongent progressivement, jusqu'à ce que les chevaux prennent d'eux-
mêmes le galop. Chaque cavalier n'a qu'à se préoccuper
de maintenir l'alignement sans chercher à mettre son
cheval au galop.

Pour arrêter étant au galop, il ne faut pas arrêter
court, mais il faut éteindre progressivement l'allure:
les cavaliers agissent d'après les mêmes principes et
persévèrent dans l'emploi des aides, jusqu'à ce que les
chevaux aient passé successivement, mais rapidement,
au trot, au pas et enfin à l'immobilité.

que la manière dont chaque cavalier conduit son cheval.

Tous les commandements sont faits par l'instructeur, qui, seul, a le sabre à la main.

Le guide accompagne du geste correspondant les commandements pour obliquer, converser, diminuer l'allure et arrêter. Les cavaliers sont aussi exercés à exécuter ces mêmes mouvements au geste, sans commandement.

Lorsque l'instruction du peloton est terminée, le sous-officier qui remplit les fonctions de guide passe en serre-file; le chef du peloton, se replaçant devant la troupe, en prend lui-même la direction et en devient le guide.

Le trot enlevé est habituellement employé; lorsque, par exception, l'instructeur veut faire prendre le trot assis, il en fait l'indication.

Les cavaliers sont exercés fréquemment à franchir des obstacles, à quitter le rang individuellement et à se servir de leurs armes. Pour l'exercice du sabre, on prend les dispositions prescrites à l'école du cavalier.

Monter à cheval et mettre pied à terre.

Alignement.

Ouvrir et serrer les rangs.

Reculer.

Marche directe en bataille.

Conversions.

Marche oblique.

Formations, marches et déploiement de la colonne par 4 ou par 2.

Charges, tirailleurs, combat à pied.

Monter à cheval et mettre pied à terre.

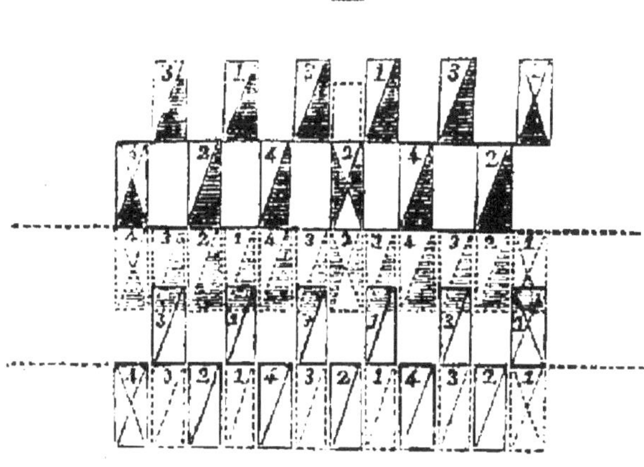

2. Le peloton étant formé sur deux rangs ouverts à 4 mètres de distance, le guide à cheval à 1^m,50 en avant du centre, les cavaliers à la tête de leurs chevaux et les chevaux à 50 centimètres l'un de l'autre, au commandement,: *Comptez-vous quatre*, les cavaliers se comptent dans chaque rang de la droite à la gauche : *un, deux, trois, quatre*, suivant la place que chacun occupe ; lorsqu'il y a des files creuses, les cavaliers du deuxième rang prennent les numéros de leur chef de file.

3. Au commandement : *A cheval*, le guide et les nᵒˢ 1 et 3 de chaque rang se portent en avant d'une longueur de cheval, et tous les cavaliers montent à cheval ; les nᵒˢ 2 et 4 rentrent aussitôt dans leurs intervalles, et le deuxième rang serre à 1ᵐ,50 du premier.

4. Le peloton étant formé sur deux rangs serrés, au commandement : *Pied à terre*, le guide, le premier rang et les nᵒˢ 1 et 3 du deuxième se portent en avant ; le guide et les nᵒˢ 1 et 3 du premier rang à deux longueurs de cheval, les autres à une seule. Les nᵒˢ 2 et 4 du deuxième rang restent en place. Les cavaliers ainsi formés sur quatre rangs mettent pied à terre. Le guide reste à cheval si l'on ne commande pas : *Repos*.

5. Le peloton étant dans cette position, l'instructeur fait monter à cheval. S'il commande : *Reprenez vos rangs*, les nᵒˢ 2 et 4 de chaque rang rentrent dans leurs intervalles, et le deuxième rang reste à 4 mètres du premier.

6. Pour mettre pied à terre, le rang isolé se conforme à ce qui vient d'être dit pour le deuxième rang du peloton.

Alignement.

7. Au commandement : *Alignement*, le cavalier du centre et les gradés des ailes se placent sur une ligne droite, à 1ᵐ,50 derrière le guide, le cavalier du centre exactement dans la direction du guide, et les gradés des ailes à un demi-front de peloton de lui. Les autres cavaliers s'établissent entre ces trois points ; ils accordent leurs épaules sur celles de l'homme du centre et du gradé de leur côté, en donnant à cet effet un coup d'œil à droite et à gauche. En fixant les yeux sur la ligne des yeux, ils ne doivent apercevoir que la poitrine du deuxième cavalier qui les avoisine. Ils se rapprochent de leur voisin du côté du centre, mais sans se toucher, de manière à avoir de l'aisance dans le rang, et ils placent leurs chevaux perpendiculairement au front.

Les cavaliers du deuxième rang doivent être exactement derrière leur chef de file, dans la même direction et à 1ᵐ,50 de distance.

Le commandement : *Fixe*, termine l'alignement, et tous les cavaliers reprennent l'immobilité.

Pour s'assurer que le peloton est bien aligné, l'instructeur se place perpendiculairement au flanc de la troupe.

On exerce le peloton à s'aligner sur une

simple indication derrière le guide, quelle que soit la position de celui-ci, afin de bien faire comprendre à la troupe que c'est la place prise par le chef et la direction de son cheval qui déterminent en toute circonstance la place que doit occuper le peloton.

Lorsque les cavaliers savent s'aligner correctement, l'instructeur ne commande l'alignement que s'il le juge nécessaire. Toutes les fois que le peloton s'arrête, les cavaliers rectifient d'eux-mêmes leur alignement, sous la surveillance des gradés des ailes.

Ouvrir et serrer les rangs.

8. Le peloton étant en bataille, aux commandements : *En arrière, ouvrez vos rangs;* = *Marche,* le deuxième rang recule de 6 mètres, chaque cavalier conservant la direction de son chef de file. Le guide se porte à 6 mètres en avant et fait face au centre du peloton.

Le serre-file recule de manière à se trouver à 6 mètres du deuxième rang.

Aux commandements : *Serrez vos rangs;* = *Marche,* le deuxième rang serre à 1ᵐ,50 du premier.

Le guide reprend sa place devant le centre du peloton, et le serre-file se remet à sa distance.

Reculer.

9. Aux commandements : *Peloton en ar-*

rière; == *Marche,* le guide et tous les cavaliers reculent à la fois jusqu'aux commandements : *Peloton* == *halte.*

Marche directe en bataille.

10. Le guide placé devant le centre dirige la marche : à cet effet, l'instructeur lui donne pour point de direction un objet éloigné, mais apparent, tel qu'un clocher, une maison, un arbre.

Le guide indique du geste le point de direction, et il prend de suite des points intermédiaires, afin de se maintenir dans la direction donnée.

L'instructeur peut charger le guide de choisir lui-même le point de direction; dans ce cas, celui-ci l'indique à haute voix.

Aux commandements : *Peloton en avant;* == *Marche,* tous les cavaliers se mettent en mouvement à la fois.

Le cavalier du centre suit le guide en conservant sa distance. Les autres cavaliers marchent droit devant eux à une allure bien égale, en se réglant sur le centre; ils cèdent à la pression qui vient de ce côté et résistent à celle qui vient du côté opposé.

Les gradés d'encadrement, en se maintenant rigoureusement à l'allure prescrite, et dans la direction donnée, contribuent beaucoup à la régularité de la marche; ils surveillent les cavaliers placés entre eux et le centre du peloton.

Les rectifications qui se rapportent soit à l'alignement, soit a l'aisance dans le rang, se font sans hâte et progressivement.

Pour s'assurer que le guide, les gradés des ailes, l'homme du centre et tous les cavaliers marchent régulièrement, l'instructeur se place derrière le centre du peloton. Pour vérifier l'alignement, il se met de préférence sur le flanc.

11. Le peloton étant en marche, aux commandements : *Peloton = halte,* le guide et tous les cavaliers s'arrêtent et le peloton s'aligne sans commandement.

12. Le peloton marchant au pas, on le fait passer au trot, puis au galop, aux commandements : *Au trot, au galop; = Marche;* on revient au trot, puis au pas, aux commandements : *Au trot, au pas; = Marche.* On peut également passer du pas au galop et du galop au pas, en observant toujours la progression prescrite pour changer d'allure. On fait partir le peloton de pied ferme au trot ou au galop aux commandements : *Peloton en avant; = au trot (ou au galop); = Marche,* et on arrête le peloton marchant à ces allures. Les cavaliers s'arrêtent plus ou moins court, suivant le degré de vitesse de la marche.

13. Les marches directes doivent se faire,

autant que possible, sur de longues lignes, et il faut éviter de multiplier les arrêts.

14. S'il se présente devant le peloton un obstacle qui empêche quelques cavaliers de marcher droit, ils s'arrêtent sans commandement et passent en serre-file. L'obstacle dépassé, ils reprennent leur place en augmentant l'allure.

15. Lorsque le peloton traverse un terrain parsemé d'obstacles, les cavaliers cessent de rester rapprochés, le front s'étend et chacun choisit sa route sans trop s'astreindre à l'alignement. Le guide continue à régler l'allure et à diriger le peloton.

16. Lorsqu'on rencontre un passage qui ne permet pas de rester sur un front de peloton, et que l'instructeur ne juge pas à propos de rompre en colonne de route, les cavaliers se groupent derrière le guide pour traverser le défilé.

Ces dispositions se prennent à l'indication : *A volonté*, et le peloton se reforme à l'indication : *A vos rangs*. L'instructeur s'assure que chaque cavalier a repris la place qu'il occupait précédemment.

Conversions.

17. On distingue deux sortes de conversions : *la conversion à pivot fixe, la conversion à pivot mouvant.*

Toute troupe qui converse doit exécuter son mouvement, sans se désunir et sans que l'alignement cesse d'être observé.

Conversion à pivot fixe.

18. Elle s'exécute aux trois allures, le peloton étant de pied ferme ou en marche; mais elle ne se fait au galop, en partant de pied ferme, que si la marche directe doit lui succéder.

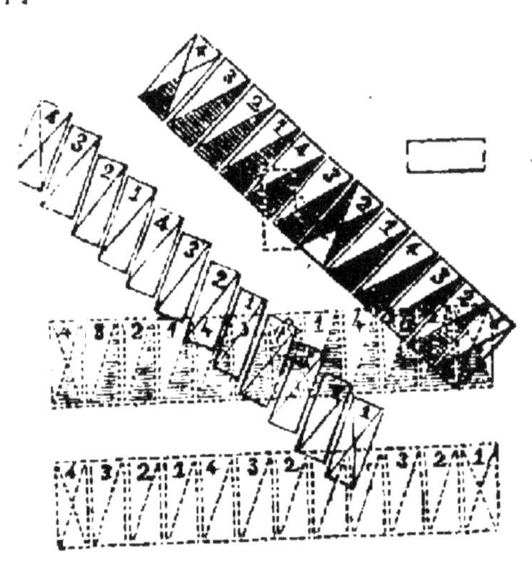

19. Le peloton étant de pied ferme, aux commandements : *Peloton à droite* (ou *à gauche*); *Peloton demi-tour à droite* (ou *à gauche*; *Peloton demi-à-droite* (ou *à gauche*) = *Marche*, le guide et les cavaliers déterminent leurs chevaux en avant, et commencent de suite à converser.

Le gradé qui est pivot tourne sur place en évitant de reculer; il se règle sur l'aile marchante et dirige les cavaliers rapprochés de lui.

Le gradé de l'aile marchante fait quelques pas droit devant lui avant de converser, et il décrit ensuite un arc de cercle proportionné à l'étendue du front, de manière à ne causer ni ouverture ni resserrement dans le rang. Il tourne parfois la tête du côté du pivot, de manière à voir l'ensemble du rang.

Les cavaliers restent liés du côté du pivot, ralentissent l'allure en proportion de leur éloignement de l'aile marchante et s'alignent sur les gradés des ailes. Ils cèdent à la pression qui vient du côté du pivot et résistent à celle qui vient du côté opposé.

Les cavaliers du deuxième rang, au moment où la conversion commence, gagnent du terrain vers l'aile marchante, tout en rangeant les hanches de leurs chevaux avec la jambe droite (ou gauche), de manière que chacun soit de deux cavaliers en dehors de la direction de son chef de file.

Au moment de commencer le mouvement, le guide indique du geste le point sur lequel le peloton doit marcher après la conversion. Il tourne ensuite en ralentissant l'allure, de manière à se trouver au centre du peloton et à sa distance quand la conversion est terminée.

Pour le demi-tour, le guide agit comme si

l'instructeur avait commandé deux à-droite (ou à-gauche) successifs.

Pour surveiller la conversion, l'instructeur peut se placer sur le flanc, du côté du pivot et dans le prolongement du premier rang.

Lorsque l'aile marchante est près d'arriver sur la nouvelle ligne de front, l'instructeur commande : *Halte*, les cavaliers arrêtent, et ceux du deuxième rang reprennent leur chef de file.

Si, au lieu d'arrêter, l'instructeur commande : *En = avant*, les cavaliers du deuxième rang reprennent leur chef de file, et le peloton se porte en avant, à l'allure de la conversion, en se conformant aux principes de la marche directe.

Après toute conversion, le peloton rectifie, s'il y a lieu, sa position derrière le guide.

20. Le peloton marchant en bataille, ces mouvements s'exécutent aux mêmes commandements : le pivot arrête en suivant la gradation prescrite, l'aile marchante exécute son mouvement à la même allure qu'avant la conversion, et les cavaliers, ainsi que le *guide, se conforment à ce qui est prescrit en* partant de pied ferme.

On peut faire converser en indiquant une nouvelle allure.

Conversion à pivot mouvant.

21. La conversion à pivot mouvant ne s'exécute qu'en marche.

Aux commandements : *Tournez = droite* (ou *gauche*) *en = avant*, le guide indique le mouvement du geste, et il tourne en augmentant son allure, de manière que le pivot conserve l'allure de la marche.

L'arc de cercle que le guide doit parcourir dépend des circonstances ; celui de 15 mètres de rayon est le plus favorable à la bonne exécution du mouvement et doit être employé sur le terrain de manœuvre.

Le cavalier du centre suit le guide. Le gradé de l'aile marchante double ou allonge l'allure suivant le besoin, et se règle, ainsi que le peloton, sur le cavalier du centre. Tous les cavaliers augmentent leur degré de vitesse en raison de leur éloignement du pivot. Les cavaliers restent liés et alignés du côté du centre.

Au commandement : *En = avant*, fait lorsque le guide arrive dans la nouvelle direction, celui-ci et tous les cavaliers se portent en avant, à l'allure à laquelle ils marchaient avant la conversion.

22. L'instructeur fait aussi changer de direction à la seule indication du point sur

lequel il veut que la troupe se dirige. Le
guide se porte alors sur le nouveau point, en

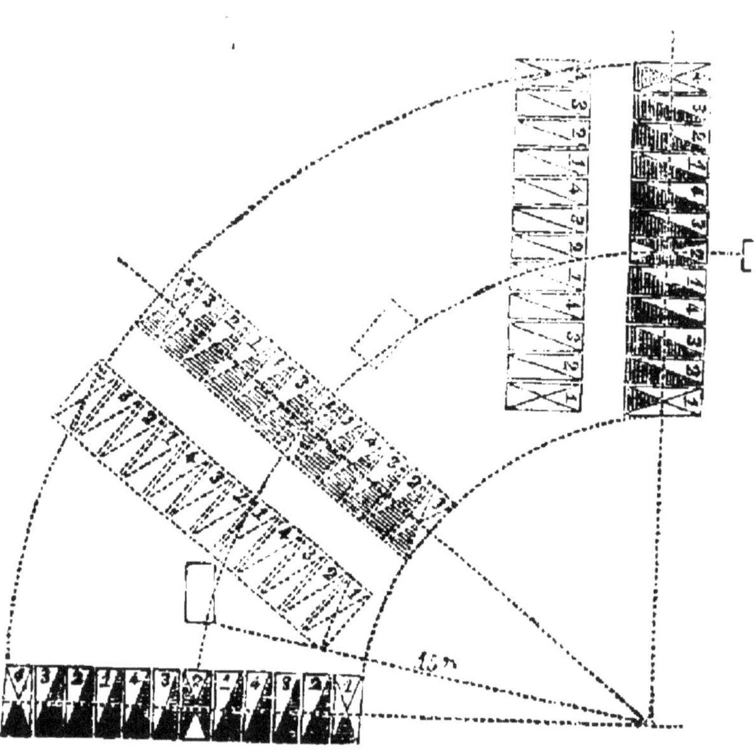

se conformant à ce qui vient d'être prescrit,
et le peloton le suit.

Marche oblique.

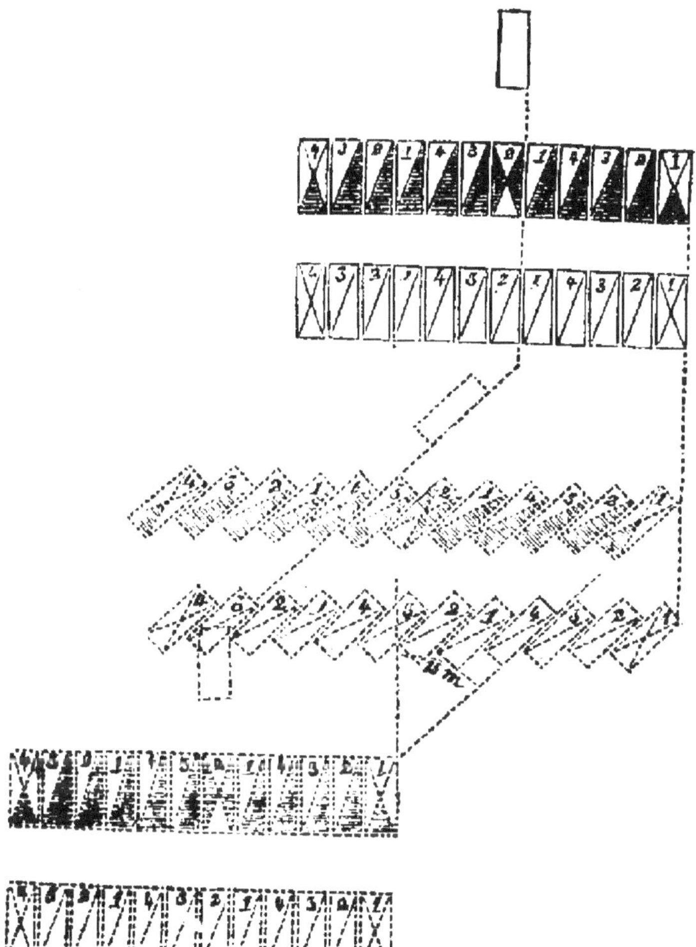

23. Le peloton marchant en bataille, aux

commandements : *Obliquez à droite = Marche*, le guide et le gradé de l'aile droite font un demi-à-droite et se portent droit devant eux dans la nouvelle direction. Tous les autres cavaliers obliquent peu à peu jusqu'au demi-à-droite, dès qu'ils ont l'espace nécessaire. Chacun d'eux place le genou droit derrière le genou gauche de son voisin de droite. Les cavaliers restent ainsi liés dans chaque rang, en continuant de se régler sur le guide, pendant toute la durée de la marche oblique, le front du peloton restant toujours parallèle à la direction qu'il avait précédemment.

Au commandement : *En = avant*, le guide et tous les cavaliers redressent leurs chevaux et le peloton se porte en avant, se conformant aux principes de la marche directe.

L'oblique-à-gauche s'exécute suivant les mêmes principes, aux commandements : *Oblique à gauche; = Marche, en = avant.*

En principe, le demi-à-droite est le degré d'obliquité adopté; mais, en application, ce degré peut être plus ou moins prononcé.

Formations, marches et déploiements de la colonne par quatre ou par deux.

24. Dans la colonne par quatre (ou par

deux), la distance entre les rangs est réduite de moitié.

Afin d'éviter les répétitions, ces mouvements sont expliqués par quatre; l'instructeur fait exécuter les ruptures par deux d'après les mêmes principes, aux commandements : *Par deux; = Marche.*

Rómpre par quatre.

25. Les ruptures ne se font que par la droite du peloton.

26. Lorsqu'on rompt le peloton pour marcher en colonne, le guide se place à $1^m,50$ en avant du centre des premières files et il conduit la colonne.

27. Le peloton étant de pied ferme, aux commandements : *Par quatre; = Marche,* les quatre files de droite se portent droit devant elles, le deuxième rang serrant à demi-distance du premier. Elles sont suivies par les autres fractions de quatre, qui se mettent en mouvement lorsque les hanches des chevaux du deuxième rang de la fraction qui rompt arrivent à hauteur de la tête des chevaux du premier rang : alors elles obliquent à droite et marchent dans cette direction jusqu'à ce qu'elles rencontrent la colonne, où elles prennent rang en se redressant.

28. Si l'on veut rompre au trot ou au ga

lop, on indique l'allure après le commandement préparatoire.

29. Si l'instructeur veut faire marcher la colonne de route dans le prolongement du front du peloton, il fait changer de direction aux premières files lorsqu'elles ont rompu. Les autres files suivent les premières, en rompant plus ou moins tôt, selon que le changement de direction se fait à droite ou à gauche. Ce mouvement ne s'exécute que de pied ferme.

30. Le peloton marchant en bataille, la rupture se fait perpendiculairement au front, aux commandements prescrits de pied ferme.

Le peloton marchant au pas ou au trot, les premières files doublent l'allure : le reste du peloton oblique aussitôt que la première fraction a dépassé le front ; chaque fraction prend successivement l'allure de la tête dès qu'elle a l'espace nécessaire, et se met en colonne.

Lorsque le peloton marche au galop, les quatre premières files continuent de marcher à cette allure ; le reste du peloton passe au trot, et chaque fraction reprend le galop dès qu'elle a l'espace nécessaire.

31. Lorsque la colonne est formée, l'instructeur l'arrête aux commandements : *Colonne = halte.*

Marche en colonne.

32. La colonne par quatre (ou par deux)

s'emploie pour les marches sur les routes et pour le passage des défilés longs et étroits.

33. Aux commandements : *Colonne en avant; = Marche*, toute la colonne se porte en avant au pas. Le point de direction est indiqué comme pour la marche en bataille, et le guide se conforme aux principes de cette marche. Le premier rang suit le guide; les autres se maintiennent derrière celui qui les précède et à leur distance.

34. Néanmoins, afin d'éviter les à-coups et de maintenir l'allure égale, la distance entre les rangs peut être diminuée, disparaitre, et les cavaliers peuvent même gagner du terrain à droite ou à gauche de ceux qui les précèdent. Toutes les fois que la colonne traverse un terrain difficile, lorsqu'il y a lieu, par exemple, d'éviter les ornières ou les parties empierrées d'un chemin, les cavaliers s'ouvrent autant qu'il est nécessaire, l'attention constate de chacun devant être de ménager son cheval.

L'instructeur se tient habituellement sur le flanc de la colonne pour en surveiller la marche.

35. On se conforme pour les allures à ce qui a été prescrit dans la marche en bataille (n° 12).

36. Le changement de direction s'exécute aux mêmes commandements que pour le peloton en bataille (n° 21).

L'arc de cercle que le guide doit parcourir a 5 mètres de rayon. Le premier rang suit le guide, et les autres tournent successivement sur le terrain où le premier a tourné.

37. La marche oblique s'exécute en colonne par les mêmes commandements qu'en bataille; le guide et tous les cavaliers exécutent à la fois un demi-à-droite (ou un demi-à-gauche); ceux du côté de l'oblique se maintiennent à la même hauteur; les cavaliers de leur rang se règlent sur eux.

Pour s'assurer de la régularité de la marche oblique, l'instructeur se place de préférence à la queue de la colonne.

Doublements et dédoublements.

38. Le dédoublement se fait au trot quand la colonne est au pas, au galop quand la colonne est au trot, sans que l'allure soit indiquée.

39. Le peloton marchant en colonne par quatre, aux commandements : *Par deux*; = *Marche*, les cavaliers des quatre premières files rompent par deux, comme il est prescrit pour rompre le peloton (n⁰ 27); les cavaliers des files suivantes exécutent successivement le même mouvement dès qu'ils ont le terrain nécessaire pour rompre par deux à leur distance.

Lorsque la colonne est au galop, le guide et les files 1 et 2 de la première fraction continuent de marcher à la même allure. Toutes les autres files passent au trot et ne reprennent le galop qu'à mesure qu'elles sont dédoublées.

40. Le peloton marchant en colonne par deux, au trot (ou au galop), aux commandements : *Marchez quatre;* = *Marche,* les deux premières files passent au pas ; les deux files suivantes se portent de suite en obliquant à gauche à hauteur des deux premières; en y arrivant, elles prennent le pas. Toutes les autres files continuent de marcher droit devant elles; les files 3 et 4 exécutent leur doublement de la même manière, mais successivement, et lorsque les files 1 et 2 sont près d'arriver à leur distance et de passer au pas.

Si la colonne marche au pas, les deux premières files restent au pas, et le doublement s'exécute au trot ou au galop, aux commandements : *Marchez quatre* = *au trot* (ou *au galop*) ; = *Marche.*

Déploiements.

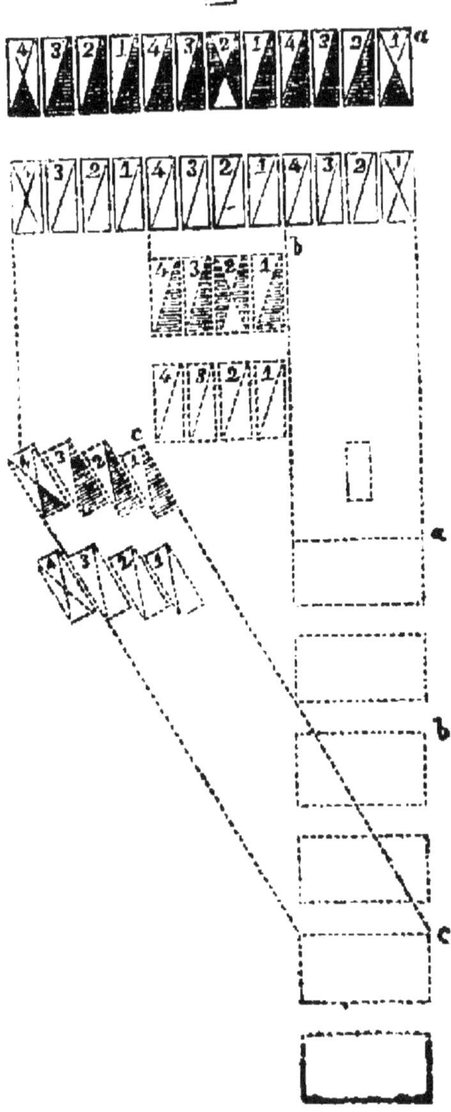

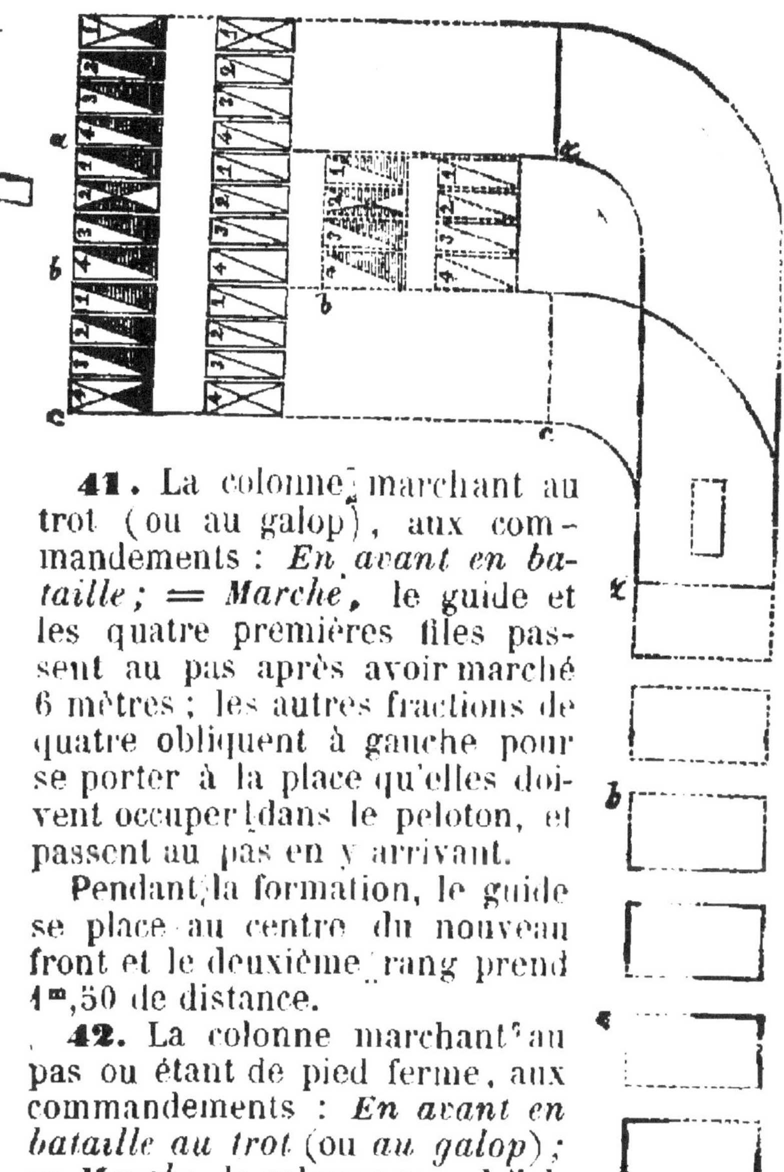

41. La colonne, marchant au trot (ou au galop), aux commandements : *En avant en bataille ;* = *Marche,* le guide et les quatre premières files passent au pas après avoir marché 6 mètres ; les autres fractions de quatre obliquent à gauche pour se porter à la place qu'elles doivent occuper dans le peloton, et passent au pas en y arrivant.

Pendant la formation, le guide se place au centre du nouveau front et le deuxième rang prend 1^m,50 de distance.

42. La colonne marchant au pas ou étant de pied ferme, aux commandements : *En avant en bataille au trot* (ou *au galop) ;* = *Marche,* la colonne prend l'al-

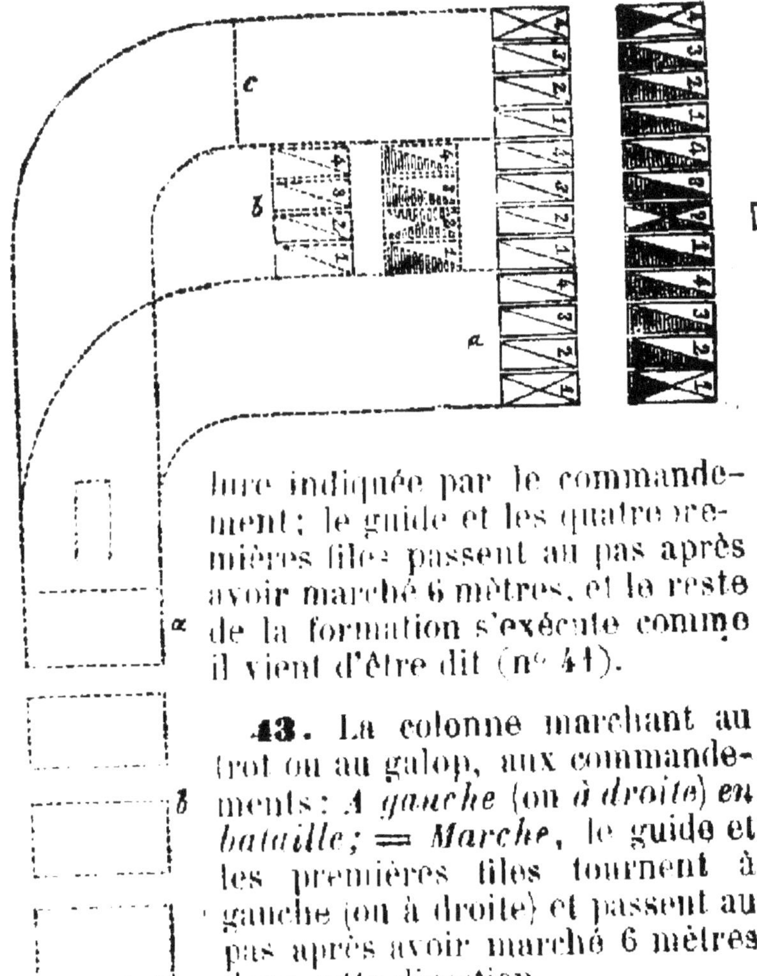

lure indiquée par le commandement ; le guide et les quatre premières files passent au pas après avoir marché 6 mètres, et le reste de la formation s'exécute comme il vient d'être dit (n° 41).

43. La colonne marchant au trot ou au galop, aux commandements : *A gauche* (ou *à droite*) *en bataille ;* = *Marche*, le guide et les premières files tournent à gauche (ou à droite) et passent au pas après avoir marché 6 mètres dans cette direction.

Les autres fractions de quatre continuent de marcher droit devant elles, et chacune tournant successivement à gauche (ou à droite), vient s'établir toujours à la gauche de la fraction qui la précède.

Le reste du mouvement s'exécute comme il est prescrit pour l'en-avant en bataille (n° 41).

44. La colonne marchant au pas ou étant de pied ferme, aux commandements : *A gauche (ou à droite) en bataille au trot (ou au galop); = Marche,* la colonne prend l'allure indiquée par le commandement ; le guide et les quatre premières files passent au pas après avoir tourné à gauche (ou à droite) et marché 6 mètres dans cette direction. Le reste du mouvement s'exécute comme il vient d'être dit (n° 42).

45. Si l'instructeur veut arrêter avant que la formation soit terminée, il indique au guide le point où il veut que le peloton se forme ; en y arrivant, le guide et les files déjà en ligne s'arrêtent ; les autres files viennent se placer à leur hauteur.

46. Lorsque, par exception, l'instructeur veut faire dédoubler par deux au pas, il arrête la colonne avant de commander le mouvement ; et s'il veut faire exécuter le doublement par quatre ou une formation en bataille au pas, la colonne étant de pied ferme ou marchant au pas, son commandement n'indique pas d'allure et il fait arrêter la tête de colonne au point qu'il juge convenable.

Charges.

47. La charge forme le complément de

l'instruction du peloton; elle constitue l'action décisive, et, par conséquent, la plus importante de la cavalerie.

La rapidité dans la marche, l'impétuosité et la vigueur dans le choc sont les conditions essentielles du succès.

Il importe d'autant plus d'exercer le peloton à s'avancer de loin aux allures vives, en conservant du calme et de la cohésion, que la portée des armes à feu oblige aujourd'hui la cavalerie à se maintenir à plus grande distance de l'ennemi.

48. Afin d'habituer le chef de peloton à diriger sa troupe sur un objectif déterminé, l'ennemi est figuré dans les exercices par deux cavaliers espacés de manière à marquer le front d'un peloton.

49. Pour exercer le peloton à la charge, son chef le fait passer au galop à 700 ou 800 pas de l'ennemi, et commande : *Pour l'attaque.*

A ce commandement, les cavaliers mettent le sabre à la main, s'ils ne l'ont déjà.

Lorsque le peloton arrive à 60 ou 80 pas des cavaliers qui marquent l'ennemi, le chef du peloton commande : *Chargez.*

A ce commandement, les cavaliers du premier et du deuxième rang prennent la position du sabre indiquée pour la charge à l'école du cavalier et allongent au galop le plus vite, sans abandonner leurs chevaux ni se désunir;

les cavaliers qui figurent l'ennemi se dérobent à droite et à gauche.

Lorsque le peloton a dépassé de 20 pas la ligne qu'occupaient les cavaliers figurant l'ennemi, le chef du peloton commande : *Ralliement*.

A ce commandement, les cavaliers portent le sabre à l'épaule, ralentissent l'allure, passent au trot, et le peloton se reforme derrière son chef, qui continue à s'avancer dans la direction de la charge.

Le chef du peloton fait arrêter et remettre le sabre lorsque tous les chevaux ont repris le trot.

50. Le ralliement qui termine la charge a pour but de rappeler les hommes éparpillés et de les ramener dans la main de leur chef. Le point sur lequel ce mouvement doit s'exécuter est naturellement indiqué dans la réalité par la tournure de l'attaque ; il en résulte que le ralliement a lieu en avant du point objectif lorsque l'ennemi a tourné bride, lorsqu'il a été enfoncé par la charge ou qu'il a cédé le terrain après une mêlée plus ou moins longue ; et que ce même ralliement se fait au contraire en arrière lorsque la charge a été refoulée par l'ennemi.

En instruction, on ne doit jamais commander le ralliement en arrière après avoir commandé : *Chargez*, afin de confirmer les cavaliers dans ce principe que toute charge commencée doit être poussée à fond.

51. Pour exercer les cavaliers à ce qu'ils auraient à faire dans le cas d'un échec, le chef de peloton conduit sa troupe à l'attaque, l'arrête lorsqu'il arrive à 100 ou 150 pas des cavaliers qui marquent l'ennemi, et commande immédiatement : *Demi-tour indivi-duel*.

Les cavaliers font demi-tour; le chef du peloton exécute rapidement le même mouvement, traverse son peloton de manière à se trouver à sa tête et se retire au galop en prenant une direction perpendiculaire ou oblique au front d'attaque primitif; les cavaliers le suivent en groupe et se maintiennent aussi réunis que possible.

Arrivé à 700 ou 800 pas, le chef de peloton commande : *Ralliement*, traverse son peloton en sens inverse et se porte au trot vers l'ennemi.

Tous les cavaliers font face en tête au commandement : *Ralliement*, se reforment en peloton derrière leur chef, le plus vite possible, et se remettent à son allure.

Le chef de peloton arrête sa troupe dès qu'elle est reformée.

Le mouvement doit tout d'abord être exécuté au trot. Il importe, du reste, de ne point abuser du galop dans tous ces exercices.

52. Lorsque le peloton exécute bien la charge et le ralliement dans les circonstances qui viennent d'être énoncées, on augmente progressivement les difficultés en multipliant les cas particuliers.

Les cavaliers qui figurent l'ennemi sont confiés à un gradé qui leur fait faire demi-tour au moment où le chef de peloton commande : *Chargez*, et les porte en arrière, soit dans la direction de la charge, soit dans une direction oblique, de manière à fournir au peloton le moyen d'exécuter une poursuite. Le chef de peloton arrête le mouvement à 150 ou 200 pas.

L'ennemi, placé à une distance indétermi-née, s'avance vers le peloton en simulant une attaque qui oblige le chef de ce dernier à régler sur la marche même de l'ennemi les phases successives de sa contre-attaque.

Ce même ennemi, après s'être avancé face au peloton, pour donner lieu à une attaque parallèle, se dirige de côté sur un point déter-miné, de manière à fournir au peloton l'occa-sion d'exécuter une attaque de flanc.

Le chef du peloton peut varier ces différen-tes suppositions, mais il doit s'attacher dans tous les cas à ne donner aux cavaliers que des principes exacts. Dans l'attaque parallèle, le mouvement doit être dirigé de telle sorte que les deux troupes s'avancent centre contre centre; dans une attaque oblique ou perpen-diculaire dirigée sur une aile, le centre du peloton doit prendre cette aile pour point de direction.

52. Les données qui précèdent embrassent l'ensemble des conditions dans lesquelles s'exécute une attaque de cavalerie, mais ces données, très-générales, sont susceptibles d'être modifiées et complétées dans une foule de circonstances.

Il demeure en effet sous-entendu, dans les exercices, que toute charge doit être précédée de patrouilles ayant pour objet d'aviser de la présence de l'ennemi et de reconnaître son emplacement.

On admet de même que le terrain ne présente aucun obstacle susceptible d'arrêter la marche du peloton, alors qu'il y aurait lieu de s'en assurer, dans la réalité, à l'aide d'un ou de deux cavaliers précédant le peloton d'une centaine de mètres, qui ne le rallieraient qu'au commandement : *Chargez.*

L'étendue du terrain à parcourir au galop et la distance à laquelle il y a lieu d'entamer la charge ont été déterminées, mais ces distances peuvent varier, soit que l'on soit surpris par une attaque, soit que l'on veuille fondre à l'improviste ou dans un moment propice et très-fugitif sur l'ennemi.

Ces distances sont encore subordonnées à l'état des chevaux, à la nature du sol et à celle de l'arme que l'on veut attaquer. La question demeure, dans tous les cas, dominée par un principe, c'est que le mouvement doit être réglé de manière que les chevaux conservent toute leur impétuosité au moment du choc et n'arrivent point épuisés devant l'ennemi.

On recommande aux cavaliers de ne pas se désunir dans les exercices, afin que la charge conserve une certaine cohésion; mais cette cohésion est moins nécessaire dans la charge proprement dite que dans les préliminaires mêmes de l'attaque : il importe, en effet, qu'au commandement : *Chargez,* les cavaliers les plus braves, montant les meilleurs chevaux, ne soient pas ralentis, et que la valeur individuelle, qui doit décider finalement du succès de la charge, laisse à chacun tous les avantages de son audace, de sa ténacité, de sa force physique ou de son adresse.

54. Les exercices de la charge doivent être exécutés avec le plus grand soin, mais l'instructeur doit s'attacher à ménager les chevaux, qui ne pourraient suffire à de longs parcours aux allures vives, s'il n'y étaient préparés par beaucoup de méthode et de progression.

L'instructeur commande rarement : *Chargez,* mais il s'étend en revanche sur les préliminaires de la charge.

Charge en fourrageurs.

55. La charge en fourrageurs est une attaque pratiquée par des cavaliers dispersés sur une ligne plus ou moins étendue.

Cette attaque comprend deux mouvements bien distincts : la dispersion des cavaliers et la charge.

Le mouvement s'exécute, le peloton marchant au pas ou au trot; on peut au besoin l'exécuter de pied ferme.

L'ennemi est figuré dans les exercices comme il a été prescrit pour la charge en ordre compacte.

Au commandement : *En fourrageurs*, ou à la sonnerie du *boute-charge*, les cavaliers prennent le galop, mettent le sabre à la main et se dispersent en éventail, en avant du front, sur une étendue de 100 à 150 mètres.

. Les cavaliers du premier rang se règlent sur le chef de peloton, qui marche en ligne, et prennent des intervalles sensiblement uniformes; ceux du deuxième rang se portent à hauteur et à 2 ou 3 pas de leur chef de file, de manière que les cavaliers de la même file puissent se soutenir mutuellement.

En arrivant à 100 pas des cavaliers qui marquent l'ennemi, tous les fourrageurs prennent la position du sabre indiquée pour le premier rang dans la charge, et allongent au galop le plus vite, en se dirigeant de manière à envelopper les cavaliers qui figurent l'ennemi; ceux-ci font demi-tour et se portent rapidement en arrière.

Lorsque les fourrageurs ont parcouru 100 à 150 mètres au train de charge, le chef de peloton fait sonner le *ralliement*.

A cette sonnerie, les fourrageurs passent au trot et se reforment en peloton derrière leur chef, qui continue à s'avancer dans la direction de l'ennemi.

56. Le ralliement après la charge en fourrageurs s'exécute en avant et en arrière comme dans la charge en ordre compacte, en partant d'ailleurs de ce principal général, commun à toutes les dispersions, que le ralliement se fait toujours sur le point où se trouve le chef de la troupe.

En instruction, pour exécuter le ralliement en arrière, le chef de peloton fait sonner la retraite lorsque les fourrageurs sont à 150 pas des cavaliers qui marquent l'ennemi.

A cette sonnerie, tous les fourrageurs font demi-tour et se retirent au galop, en réglant leur direction sur celle du chef de peloton, qui se retire lui-même perpendiculairement ou obliquement à ce même front.

Lorsque le chef du peloton est arrivé sur le point où il juge à propos de reformer sa troupe, il fait sonner le *ralliement* ou commande : *Ralliement*, et se porte au trot dans la direction de l'ennemi. Tous les cavaliers font face en tête, passent au trot et se reforment en peloton derrière leur chef.

Le ralliement en arrière doit être, en principe, suivi d'une marche offensive, afin de montrer aux cavaliers qu'ils n'ont été rappelés que pour être ramenés de nouveau contre l'ennemi.

57. La portée des armes en service et la tension de leur trajectoire impliquent, dans l'emploi des fourrageurs, l'obligation d'une marche au galop plus ou moins longue précédant la charge proprement dite ; mais l'attaque aura d'autant plus de chances de réussir que le peloton aura pu s'approcher davantage de son objectif en ordre compacte et surprendre de plus près l'ennemi.

Tirailleurs.

58. Les cavaliers dispersés prennent le nom de tirailleurs lorsqu'ils doivent combattre avec l'arme à feu.

Le combat de tirailleurs s'emploie pour inquiéter ou tâter l'adversaire, éclairer le terrain, arrêter ou repousser les tirailleurs ennemis, couvrir une retraite, masquer les mouvements, etc.

Le peloton étant de pied ferme ou en marche, le chef de peloton désigne, soit individuellement, soit par groupes de files, les cavaliers qui doivent agir en tirailleurs, ainsi que le point sur lequel un gradé servant de guide et marquant approximativement le centre de la ligne, devra se diriger.

Au commandement : *En tirailleurs,* les cavaliers désignés se dispersent au pas ou au trot, suivant les principes prescrits pour la charge en fourrageurs, et font haut le fusil; les autres cavaliers s'arrêtent ou sont conduits par un gradé vers un point jugé favorable pour servir d'abri, sans pour cela cesser d'être à portée des tirailleurs.

Les tirailleurs s'arrêtent au signal donné de proche en proche par le gradé du centre et choisissent ou rectifient leurs emplacements.

Le chef de peloton exerce les tirailleurs à se mouvoir, soit à la voix, soit à des signaux de trompette, soit au moyen d'indications données au gradé qui sert de guide ; il fait ainsi arrêter la ligne, changer d'allure, porter en avant, en arrière, à droite ou à gauche.

Les tirailleurs obéissent aux différents signaux qui leur sont faits, en observant de faire toujours face du côté de l'ennemi dès qu'ils sont arrêtés. Lorsqu'ils ont à faire un demi-tour à une allure vive, ils ralentissent d'abord l'allure et exécutent le mouvement sur place afin d'éviter de se rencontrer avec les cavaliers voisins, puis ils reprennent l'allure primitive dans le sens indiqué.

Si le chef de peloton juge à propos de renforcer la ligne, il désigne dans la troupe de soutien des cavaliers qui viennent s'intercaler parmi les tirailleurs sur des points désignés ; il peut mettre au besoin tout le peloton en tirailleurs.

Les tirailleurs sont essentiellement mobiles et irréguliers dans leur disposition, qui est subordonnée aux mouvements de la troupe qu'ils couvrent ou à ceux de la troupe ennemie, et surtout à la configuration du terrain :

mais dans les exercices, on habitue ces cavaliers à se disperser de manière à garnir une ligne d'environ 100 mètres et à observer entre eux des intervalles uniformes ; toutefois, lorsque le terrain s'y prête, il n'est pas interdit à plusieurs files de se placer derrière le même abri, pourvu que la ligne des feux couvre tout l'espace déterminé.

Le chef de peloton agit aussi de différentes manières, selon qu'il doit éclairer une troupe et par conséquent régler sur elle ses mouvements, ou selon qu'il doit entrer en lutte avec l'ennemi et par conséquent acquérir une certaine indépendance. Dans le premier cas, le chef des tirailleurs subordonne ses mouvements à ceux de la troupe de soutien, qui doit rester elle-même en relation avec la troupe à couvrir; dans le deuxième cas et spécialement lorsque les tirailleurs ont engagé le feu, la troupe de soutien se règle au contraire sur les tirailleurs.

59. *Des feux.* — A la sonnerie : *Demi-appel,* les tirailleurs font feu sans se presser, en ayant soin de bien ajuster, et le feu continue jusqu'à la sonnerie : *Demi-appel,* ou *Pour marcher,* car il est de règle de tirer toujours de pied ferme.

Le chef de peloton fait exécuter ou interrompre les feux, en portant les tirailleurs de position en position dans tous les sens. S'il n'est pas utile de faire tirer tous les tirailleurs, le chef de peloton désigne spécialement pour faire feu quelques cavaliers choisis parmi les plus adroits ou les mieux embusqués, ou ceux dont les chevaux sont les plus calmes; il peut même prescrire à certains cavaliers de mettre pied à terre pour tirer pendant que leur camarade de file tient leur cheval.

Dans les exercices, les cavaliers exécutent des feux à poudre ou en faisant seulement le simulacre du tir; l'instructeur veille à l'observation des principes du tir; mais il ne s'attache pas absolument à obtenir le calme des chevaux, résultat qui, en dehors des conditions de la guerre, nécessiterait une dépense de temps et de munitions peu profitable.

On peut, pendant les feux, représenter l'ennemi par quelques hommes marchant au loin dans différents sens, et paraissant ou disparaissant alternativement, de manière à offrir un but mobile aux tirailleurs.

60. Les tirailleurs étant en position ou en marche, dans quelque sens que ce soit, mettent le fusil à la grenadière, puis le sabre à la main à la sonnerie du *ralliement*, ils prennent le galop et se reforment en peloton derrière leur chef, qui se tient habituellement à demi-distance des tirailleurs et de la troupe de soutien; la troupe de soutien met le sabre à la main et se rallie de même rapidement au chef de peloton.

61. A la sonnerie : *Boute-charge*, les tirailleurs étant en ligne, tous les cavaliers passent le fusil à la grenadière, mettent le sabre à la main et se portent au galop dans la direction de l'ennemi. Les tirailleurs chargent et se rallient comme il est prescrit (n⁰ˢ 55 et 56); la troupe de soutien met le sabre à la main et appuie le mouvement au trot ou au galop, suivant le besoin.

62. Les sonneries spéciales employées dans l'instruction des tirailleurs sont les suivantes :

Au pas.
Au trot.
Au galop.
— Pour prendre l'une ou l'autre de ces allures.

En avant. — Pour marcher du côté de l'ennemi.

En retraite. — Pour marcher du côté opposé à l'ennemi.

A droite (ou *à gauche*). — Pour faire l'un ou l'autre de ces mouvements.

Halte. — Pour arrêter et faire face du côté de l'ennemi.

Demi-appel. — Pour commencer ou cesser le feu.

Combat à pied.

63. On exerce les cavaliers à combattre à pied afin de les mettre à même de satisfaire à certaines éventualités de la guerre, mais dans une limite convenable, pour ne pas les distraire de leur véritable rôle.

Il peut en effet se présenter maintes circonstances dans lesquelles une troupe de cavalerie peut avantageusement mettre pied à terre, soit pour agir plus sûrement au moyen de feux, soit pour débusquer l'ennemi d'une position inaccessible aux chevaux, ou pour occuper soi-même, à défaut d'infanterie, une position importante et la défendre jusqu'à l'arrivée des renforts.

Le peloton marchant en bataille, au commandement : *Combat à pied*, les cavaliers s'arrêtent et exécutent ce qui est prescrit pour mettre pied à terre, mais les n°s 1 et 3 restent à cheval : les n°s 2 et 4, après avoir mis pied à terre, passent les rênes par-dessus l'encolure et les remettent à leur voisin de droite, qui les saisit à environ 0^m,30 du bout.

Les n°s 2 et 4 se forment sur un rang : ceux du deuxième rang, à la gauche de leur chef de file, à 10 pas en avant des chevaux du premier rang, et portent l'arme, mais sans tendre la bretelle : les chevaux du deuxième rang serrent à 1^m,50 de distance du premier rang.

Le chef de peloton reste à cheval ou met pied à terre, s'il le juge à propos. Les cavaliers à pied sont conduits au pas accéléré ou gymnastique sur le point où ils sont supposés devoir combattre ; ils sont exercés aux divers mouvements et aux feux des tirailleurs.

Le peloton des chevaux, conduit par un gradé désigné, se règle sur les cavaliers à pied, de manière à se maintenir à leur portée, et profite des abris que présente le terrain pour se masquer.

64. A la sonnerie : *A cheval*, le peloton des chevaux se porte rapidement derrière le chef de peloton, le premier rang s'établissant à 6 pas en avant du deuxième.

Les cavaliers à pied regagnent leurs chevaux par la ligne la plus courte, mettent le fusil à la grenadière, reprennent les rênes, les repassent par-dessus l'encolure et montent à cheval. Le mouvement terminé, tous les cavaliers mettent le sabre à la main, le peloton est emmené rapidement, tantôt en retraite sur les derrières d'une réserve supposée, tantôt en avant, pour simuler un retour offensif.

65. Le peloton étant en colonne par deux, l'instructeur peut aussi commander le combat à pied ; dans ce cas, les cavaliers placés sur le flanc gauche de la colonne mettent pied à terre et se forment comme il est indiqué ci-dessus.

66. Si l'on veut faire mettre pied à terre à un plus grand nombre de cavaliers, le chef de peloton prescrit aux n°s 2 seuls de rester à cheval ; ceux-ci tiennent les rênes des chevaux des n°s 1 et 3, et les n°s 4 attachent les rênes de leur cheval au montant de bride du cheval du n° 3. On peut encore, en cas de nécessité, faire tenir par un seul cavalier tous les chevaux d'un rang ou d'un demi-rang ; dans ce cas, ce cavalier met pied à terre et tient dans le bras droit ployé les rênes de tous les chevaux haut le pied, groupés autour de lui.

ÉCOLE DE L'ESCADRON A CHEVAL.

67. L'école de l'escadron a pour objet d'exercer les pelotons à exécuter ensemble ce qu'ils ont appris séparément, et d'enseigner à l'escadron tous les mouvements qui sont utiles à son emploi, soit isolément, soit dans le régiment.

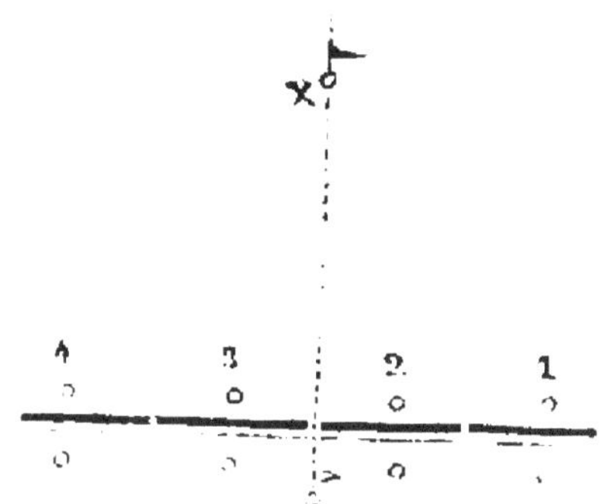

La tenue des cavaliers et celle des chevaux sont les mêmes qu'à l'école du peloton, sauf exceptions motivées par les circonstances ou par la nature des exercices.

Dans l'ordre en bataille, les quatre pelotons sont placés les uns à côté des autres et sans intervalles. Le capitaine commandant, suivi d'un trompette, se tient à un demi-front en avant du centre de l'escadron, auquel il sert de guide. Le capitaine en second est placé à 3 mètres en arrière du centre. Le

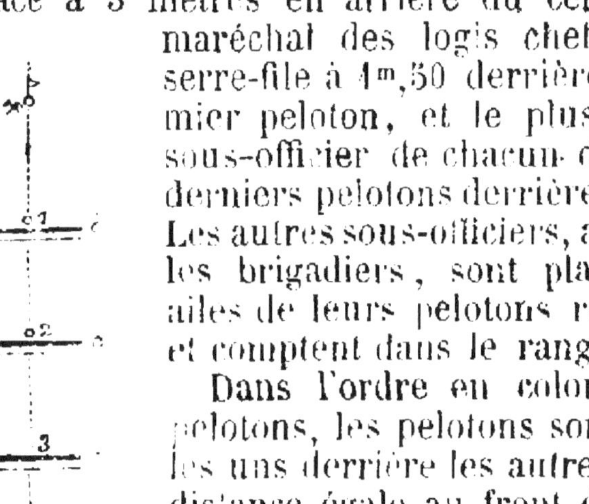

maréchal des logis chef est en serre-file à 1^m,50 derrière le premier peloton, et le plus ancien sous-officier de chacun des trois derniers pelotons derrière le sien. Les autres sous-officiers, ainsi que les brigadiers, sont placés aux ailes de leurs pelotons respectifs et comptent dans le rang.

Dans l'ordre en colonne par pelotons, les pelotons sont placés les uns derrière les autres, à une distance égale au front d'un peloton.

Pendant le cours des mouvements, les pelotons sont désignés par les numéros qu'ils occupent accidentellement en bataille ou en colonne, sans avoir égard à leurs numéros habituels. Ainsi le premier peloton est toujours celui qui se trouve à la droite de l'escadron en bataille ou en tête de colonne.

Les mouvements de l'escadron se font aux commandements du capitaine commandant.

Lorsqu'il le juge nécessaire, pour appeler l'attention des chefs de peloton, le capitaine commande : *Garde à vous.*

Avant de faire un commandement, il élève le sabre la pointe en l'air, en étendant le bras, et il l'abaisse ensuite en même temps qu'il prononce le commandement d'exécution.

Pour faire mieux comprendre ses commandements, il indique du sabre le sens du mouvement et place son cheval dans cette direction.

Le capitaine commandant recouvre son indépendance dès qu'il élève le sabre pour faire un commandement. Il peut alors tourner la tête vers l'escadron et cesser de s'occuper du point de direction.

Les chefs de peloton ne mettent le sabre à la main que lorsque les cavaliers l'ont euxmêmes. Ils déterminent la ligne de bataille et conduisent leurs pelotons suivant les principes prescrits à l'école du peloton.

Pour obliquer, converser, diminuer l'allure ou arrêter, les chefs de peloton se bornent à faire un geste en plaçant leur cheval dans la direction voulue et le mettant à l'allure prescrite. Ils font le moins de commandements possible; ce n'est que dans le cas où la poussière, le brouillard, l'obscurité, etc., empêcheraient la troupe de distinguer leurs indications, que les chefs de peloton font des commandements, sans élever la voix plus qu'il n'est nécessaire pour se faire entendre de leur peloton.

Le capitaine commandant exerce les officiers à commander l'escadron, et les sous-officiers les pelotons.

Le capitaine en second surveille l'exécution des mouvements et particulièrement les chefs de peloton; il a pour cela la liberté de se déplacer (1). Les serre-files surveillent le peloton derrière lequel ils se trouvent et principalement les gradés qui l'encadrent. Ces derniers veillent à ce que les cavaliers observent les principes prescrits à l'école du peloton.

Lorsque le capitaine commandant veut surveiller lui-même l'instruction, il fait occuper par le capitaine en second la place qui lui est assignée dans les différentes formations, et c'est alors celui-ci qui fait les commandements.

Pendant le cours de cette école, les cavaliers sont exercés fréquemment à passer des obstacles. Ils exécutent aussi le maniement des armes et l'exercice du sabre.

Alignement.

Marche directe en bataille.

Conversions.

Marche oblique.

Formations, marches et déploiements de la colonne avec distance.

---

(1) Voir la note ministérielle § III à la page 3 du présent volume.

Formations, marches et déploiements de la colonne de route.

Charges, tirailleurs, combat à pied.

68. Le capitaine commandant fait compter par quatre aux commandements : *Dans chaque peloton comptez-vous quatre.*

69. Il fait monter à cheval et mettre pied à terre comme il est prescrit à l'école de peloton. Si l'on met pied à terre en colonne avec distance, les chefs de peloton se portent sur le flanc.

Alignement.

70. Le capitaine commandant ne s'occupe que d'aligner les chefs de peloton. Il se porte en dehors de l'aile, du côté de l'alignement et sur le prolongement de la ligne qu'il a choisie; il établit sur cette ligne le chef du peloton le plus voisin et il commande : *A droite (ou à gauche) alignement.* Les autres chefs de peloton s'alignent alors sur le premier; le cavalier du centre et les gradés des ailes s'établissent à 1ᵐ,50 derrière leur chef de peloton, et chaque peloton s'aligne comme il est prescrit nº 7.

L'escadron étant aligné, le capitaine commande : *Fixe.*

71. On fait ouvrir et serrer les rangs comme à l'école du peloton.

72. Pour porter l'escadron en arrière de quelques pas seulement, on commande : *Escadron en arrière, = Marche; Escadron = Halte.*

Marche directe en bataille.

73. La marche directe de l'escadron en bataille s'exécute suivant les principes prescrits pour le peloton.

Le capitaine commandant, placé à un demi-front en avant du centre, sert de guide. Le chef du deuxième peloton règle sa marche de manière que le centre de l'escadron soit toujours dans la direction du capitaine commandant. Les autres chefs de peloton s'alignent sur celui du deuxième et conservent leurs intervalles de ce côté.

Les gradés placés aux ailes de chaque peloton veillent à ce que le cavalier du centre se maintienne exactement derrière le chef du peloton, à 1^m,50 de distance.

74. Si le capitaine commandant veut quitter momentanément sa place devant le centre de l'escadron, il indique à haute voix le point de direction au chef du deuxième peloton, qui est alors chargé d'assurer la marche. Lorsque ce point de direction est déjà connu, le capitaine se borne à l'indiquer du sabre et il devient libre de ses mouvements.

75. Pendant la marche en bataille, s'il se

présente des obstacles devant quelques cavaliers, ils se conforment à ce qui est prescrit à l'école du peloton (n° 14). Si ces obstacles arrêtent un peloton entier, celui-ci exécute ce qui est prescrit à la même école (n° 15).

76. Le capitaine commandant met l'escadron en marche, aux commandements : *Escadron en avant = marche:* il l'arrête aux commandements : *Escadron = halte.*

77. Toutes les fois que l'escadron s'arrête après une formation ou une marche en bataille, les chefs de peloton rectifient d'eux-mêmes leur alignement sur celui du deuxième.

78. Les changements d'allure se font conformément à ce qui est prescrit pour le peloton (n° 12).

79 Pour gagner du terrain vers l'un des flancs de l'escadron, le capitaine commandant commande : *Peloton à droite (ou à gauche); — Marche, en = avant:* ce qui s'exécute à la fois dans chaque peloton comme il est prescrit à l'école du peloton (n°s 19 et 20). Il remet l'escadron dans la direction primitive, aux commandements : *Pelotons à droite (ou à gauche); = Marche, en = avant ou Halte.*

80. L'escadron étant ou marchant en bataille, pour le faire marcher en arrière, le capitaine commandant commande :*Pelotons demi-tour à droite (ou à gauche); = Marche.* Ces mouvements s'exécutent à la fois dans chaque peloton comme il est prescrit à l'école du peloton ; et les conversions terminées, les pelotons se portent droit devant eux, au commandement : *En = avant*, du capitaine.

81. Si, au lieu de porter l'escadron en avant, le capitaine commandant veut l'arrêter, il commande : *Halte*, au moment où les pelotons sont près de finir leur conversion.

82. Pendant le demi-tour, le capitaine commandant se porte en avant du nouveau front, en passant entre le premier et le deuxième peloton dans le demi-tour à droite, et entre le troisième et le quatrième dans le demi-tour à gauche, afin de se trouver devant le centre de l'escadron.

Conversions.

83. La conversion à pivot fixe de l'escadron en bataille s'exécute, de pied ferme ou en marche, suivant les principes prescrits pour le peloton (nᵒˢ 18, 19 et 20), aux commandements : *Escadron à droite* (ou *à gauche*) *demi-à-droite* (ou *demi-à-gauche*; = *Marche en avant*, ou *Escadron = halte*.

Le capitaine commandant, qui est le guide de l'escadron, se conforme à ce qui est prescrit au chef de peloton (nᵒ 19). Les chefs de peloton règlent leur marche en raison du mouvement que doit exécuter l'escadron.

84. La conversion à pivot mouvant ne

s'emploie que pour changer de direction en colonne par escadrons. Elle s'exécute aux commandements et suivant les principes prescrits pour le peloton (nos 21 et 22), avec cette différence que le capitaine commandant règle son allure de manière que le chef du deuxième peloton du côté du pivot conserve l'allure de la marche.

Marche oblique.

85. La marche oblique s'exécute aux mêmes commandements que pour le peloton. Le capitaine commandant, les chefs de peloton et le gradé de l'aile vers laquelle on oblique font un quart d'à-droite, et ils se conforment, du reste, ainsi que les cavaliers, à ce qui est prescrit pour le peloton (no 23).

Formations, marches et déploiement de la colonne avec distance.

Formations.

86. L'escadron étant en bataille, pour le former en colonne vers l'un de ses flancs, le capitaine commandant commande : *A droite* (ou *à gauche*) *en colonne :* = *Marche.* Chaque peloton exécute une conversion à pivot fixe du côté indiqué.

Au moment où les conversions sont presque terminées, le capitaine commande : *Halte*, ou

En = avant. A ce dernier commandement, tous les pelotons se portent droit devant eux.

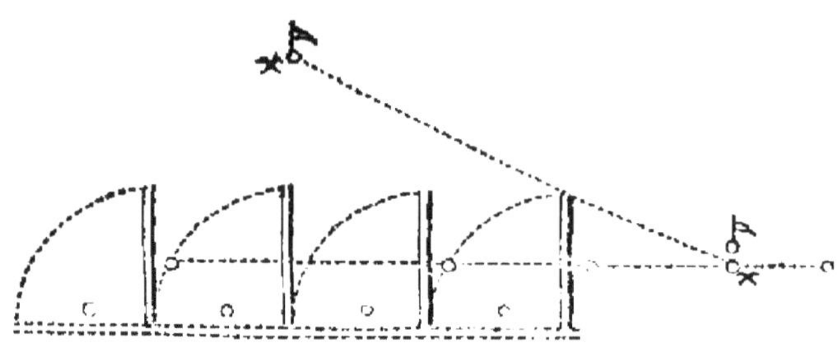

87 L'escadron étant en bataille, pour le

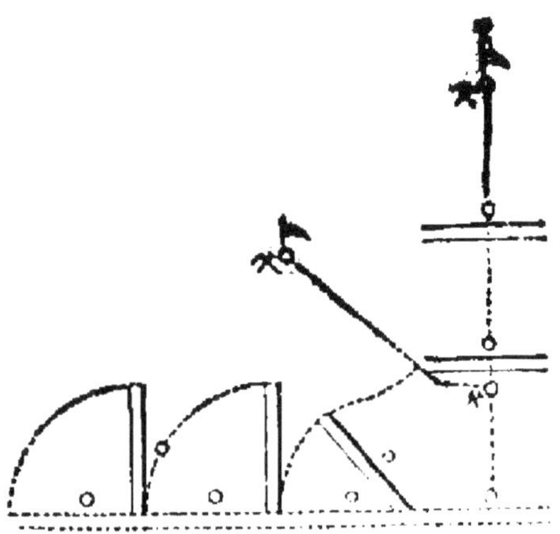

former en colonne avec distance en avant de son front, le capitaine commandant commande : *En avant en colonne ; = Marche.* Le peloton de droite se porte en avant, le deuxième peloton fait un demi-à-droite, tourne de suite à gauche par une conversion à pivot mouvant (n° 21) et suit le premier peloton. Les troisième et quatrième pelotons font un à-droite, se portent droit devant eux et tournent successivement à gauche pour se mettre en colonne derrière les deux premiers.

88. On rompt l'escadron en avant par la gauche suivant les mêmes principes, aux commandements : *Par la gauche en avant en colonne; = Marche.*

89. Si le capitaine commandant veut exécuter les mouvements qui précèdent à une allure plus vive, il fait suivre le commandement préparatoire de celui : *Au trot, ou au galop.*

90. L'escadron marchant en bataille, ces ruptures s'exécutent de la même manière que de pied ferme, à l'allure de la marche ou à celle indiquée par le commandement.

Marches.

91. Pour diriger la colonne avec distance, le capitaine commandant marche à un front de peloton devant le chef du peloton de tête. Il indique toujours à cet officier le point de direction, et ce dernier devient le guide de la colonne lorsque le capitaine commandant quitte sa place.

Le capitaine en second se tient sur le flanc, du côté de la rupture, et surveille les mouvements et la marche de la colonne.

Les serre-files sont du même côté, à hauteur du premier rang de leur peloton.

Pendant toute la durée de la marche directe, les chefs de peloton se maintiennent exactement en file. Il est essentiel qu'ils se mettent en mouvement à la fois et qu'ils marchent à une allure bien égale, afin de conserver leur distance; s'ils la perdent, il ne doivent la reprendre que peu à peu.

- On met la colonne en marche aux commandements : *Colonne en avant = marche*, et on l'arrête aux commandements : *Colonne = halte.*

92. Lorsque la colonne rencontre un défilé qui ne permet point de passer sur un front de peloton, sans cependant obliger de former la colonne de route, chaque peloton marche successivement : *A volonté*, comme il est prescrit à l'école du peloton (n° 46); les cavaliers se groupent autour du chef de peloton; les gradés d'encadrement se portent à sa hauteur et longent les bords du passage; l'homme du centre serre tête à croupe sur l'officier. Les cavaliers qui peuvent se placer entre ce dernier et le gradé de leur aile s'y portent en allongeant l'allure; les autres cavaliers se groupent en serrant sur les premiers.

Cette disposition, qui se prend à cette indication : *A volonté*, des chefs de peloton, s'emploie principalement pour passer un défilé de peu de longueur, et permet à la colonne de ne pas augmenter sa profondeur ou de s'allonger le moins possible.

En sortant du défilé, chaque peloton se reforme comme il est prescrit à l'école du peloton (n° 16) : *A vos rangs*.

93. Les changements de direction de la colonne avec distance s'exécutent par des conversions successives à pivot mouvant, aux commandements : *Tournez droite (ou gauche)*, = *en avant*, du capitaine commandant. Le peloton tête de colonne converse et se porte en avant; les autres font successivement le même mouvement sur le terrain où le premier a tourné.

Immédiatement après avoir changé de direction, le capitaine commandant indique au chef du premier peloton le nouveau point sur lequel il veut diriger la colonne.

94. On peut également faire changer de direction à la simple indication d'un nouveau point (n° 22).

95. La marche oblique se commande et s'exécute comme à l'école du peloton (n° 23), les chefs de peloton ayant l'attention de se maintenir à la même hauteur sur une ligne perpendiculaire au front.

96. L'escadron marchant en colonne avec distance, pour lui faire gagner du terrain vers l'un de ses flancs, le capitaine commandant commande : *Pelotons à droite (ou à* *gauche*; = *Marche, en* = *avant*; ce qui s'exécute à la fois dans chaque peloton, comme il est prescrit à l'école du peloton.

97. Pour faire marcher en arrière la colonne avec distance, on commande : *Pelotons demi-tour à droite (ou à gauche)*; = *Marche, en* = *avant*.

Déploiements.

98. La colonne avec distance se déploie sur une ligne parallèle, oblique ou perpendiculaire à son front.

99. La colonne étant de pied ferme ou marchant au pas, pour la déployer en avant d'un seul côté, le capitaine commandant commande : *Vers la droite (ou vers la gauche) en avant en bataille, au trot (ou au galop)*; = *Marche*. Le premier peloton se porte droit devant lui à l'allure indiquée et prend le pas après avoir marché l'étendue de son front. Les autres pelotons obliquent du côté marqué par le commandement; ils se dirigent vers la place qu'ils doivent occuper en bataille, se redressent un peu en arrière de la ligne et passent au pas en y arrivant.

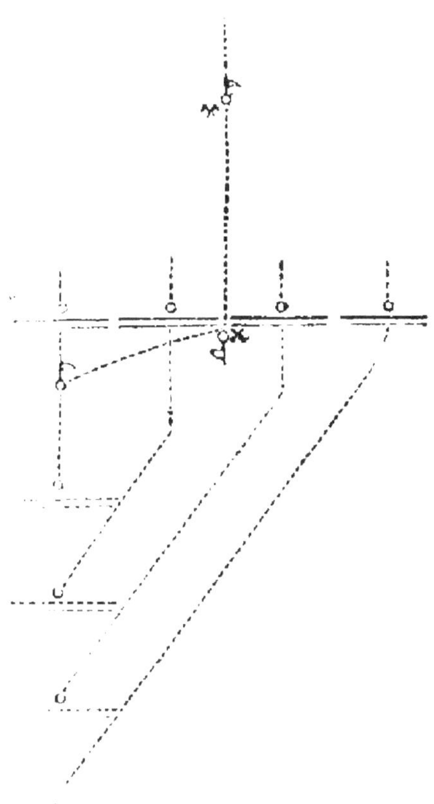

100. La colonne marchant au trot ou au galop, le déploiement s'exécute de la même manière, aux commandements : *Vers la droite* (ou *vers la gauche*) *en avant en bataille : = Marche.*

101. Pour commander les déploiements, le capitaine commandant se place sur la ligne de direction que doit suivre le centre de l'escadron après la formation en bataille.

102. Les pelotons doivent arriver en ligne sans se désunir.

La formation terminée, les chefs de peloton rectifient, s'il y a lieu, leurs intervalles, en se réglant sur le chef du deuxième.

Pendant le mouvement, les serre-files reprennent leur place de bataille.

103. La colonne exécutant une marche oblique, le capitaine commandant peut la déployer du côté vers lequel elle oblique sans lui faire reprendre auparavant la marche directe. Dans ce cas, le peloton de tête se redresse immédiatement, et le reste du mouvement s'exécute comme il vient d'être prescrit (n°s 99 et 100).

104. Pour déployer la colonne sur une ligne oblique, le capitaine commande : *Demi-à-droite (ou demi-à-gauche) en bataille, au trot (ou au galop); = Marche*, ou *Marche*, si la colonne est au trot ou au galop. Chaque peloton exécute un demi-à-droite ou à-gauche. La conversion terminée, le peloton de tête se porte droit devant lui, en conservant son allure, et il prend le pas après avoir marché l'étendue de son front; les autres pelotons obliquent du côté indiqué pour se porter en ligne.

On se conforme, du reste, à ce qui est pres-

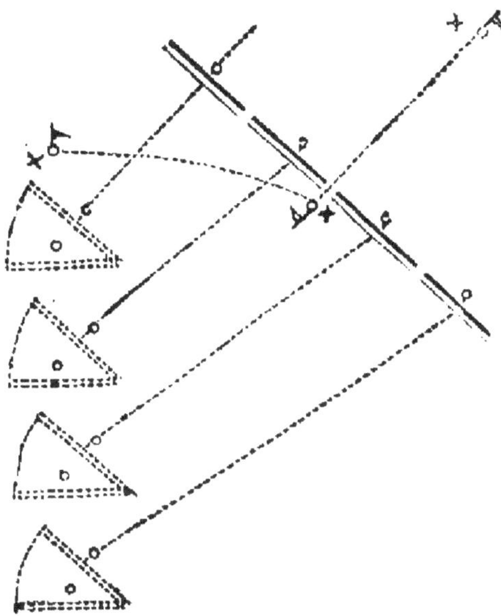

crit pour le déploiement en avant vers la droite ou vers la gauche.

105. Dans les formations qui précèdent, si le capitaine commandant veut arrêter l'escadron avant que le mouvement ne soit terminé, il indique au chef du peloton de tête la ligne de bataille qu'il a choisie. En y arrivant, celui-ci s'arrête, et les autres pelotons viennent se former à sa hauteur.

106. Il est de principe que les déploiements dans lesquels les pelotons ont des espaces inégaux à parcourir s'exécutent aux allures vives; néanmoins, si le capitaine commandant

5.

veut, par exception, faire faire ces mouvements au pas, la colonne étant de pied ferme ou marchant au pas, son commandement n'indique pas d'allure, et il arrête la tête de colonne au point où il veut établir la ligne de bataille.

107. Pour déployer la colonne sur un de ses flancs, le capitaine commandant commande : *A droite (ou à gauche) en bataille;*

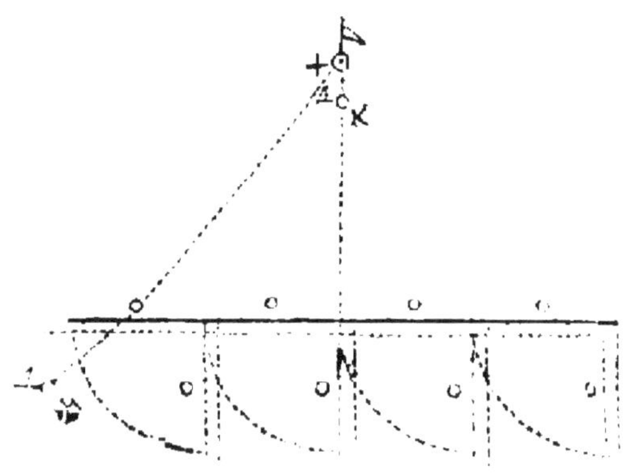

= *Marche,* ou : *Au trot (ou au galop);* = *Marche.* Tous les pelotons exécutent à la fois un à-droite (ou un à-gauche) et se portent en avant, les chefs de peloton se réglant sur celui du deuxième.

Si le capitaine commandant veut arrêter l'escadron après la conversion des pelotons, il commande : *Halte.*

Formations, marches et déploiements de la colonne de route.

108. L'escadron étant en bataille, le capitaine commandant le fait rompre par la droite, en colonne par quatre ou par deux, suivant les principes prescrits à l'école du peloton et par les mêmes commandements : le premier peloton rompant comme il est dit n° 27, et les trois autres comme il est prescrit n° 29. Le chef du peloton tête de colonne se place devant les premières files ; les autres chefs de peloton marchent sur le flanc gauche, à hauteur du premier rang de leur peloton.

Le capitaine commandant n'a pas de place déterminée. Le capitaine en second et les serre-files sont sur le flanc droit.

109. Pour rompre l'escadron par la gauche, le capitaine commandant commande : *Par la gauche par quatre;* = *Marche.* Le quatrième peloton rompt par quatre comme il est prescrit n° 27 ; chacun des autres pelotons rompt successivement comme il est dit au n° 29, en ayant soin de ne commencer son mouvement que lorsque le deuxième rang des quatre premières files du peloton qui précède dépasse le front de l'escadron.

110. Le capitaine commandant peut, au besoin, faire exécuter ces ruptures aux allures vives.

111. Pour la marche en colonne de route, ainsi que pour les dédoublements et doublements, l'escadron se conforme à ce qui est prescrit pour le peloton.

112. L'escadron, marchant en colonne de route, se déploie en avant et sur ses flancs aux mêmes commandements que le peloton. Chaque peloton se forme successivement en bataille, à gauche de celui qui le précède, lorsque le déploiement se fait en avant ou sur le flanc gauche de la colonne ; à droite, quand le déploiement a lieu sur le flanc droit.

113. L'allure du trot est le plus habituellement employée dans ces formations ; si l'on veut les faire au pas, on se conforme à ce qui est prescrit n° 106.

114. Il faut éviter de déployer directement la colonne de route, et il est toujours préférable de passer auparavant par la colonne avec distance.

115. Pour passer de la colonne de route à la colonne avec distance, le capitaine commandant commande : *Formez les pelotons au trot* (ou *au galop*); — *Marche,* ou : *Marche,* si la colonne est au trot ou au galop. Chaque peloton se forme en avant en bataille, à l'allure de la marche ou à celle indiquée par le commandement. Le peloton de tête reste au pas ; les autres serrent à leur distance, en prenant pour cela l'allure de la formation.

116. L'escadron étant en colonne avec distance, le capitaine commandant le fait rompre en colonne de route par les commandements prescrits à l'école du peloton (n°s 27 et 30). Le premier peloton rompt aussitôt, et les autres successivement dès qu'ils ont le terrain nécessaire.

117. La colonne de route étant de pied ferme ou marchant au pas, si le capitaine commandant veut, par exception, que la colonne avec distance se forme au pas, son commandement n'indique pas d'allure, et il arrête la tête de colonne au point qu'il juge convenable. Chaque peloton se forme alors comme il est prescrit n° 46 ; les chefs des trois derniers pelotons arrêtent leur tête de colonne lorsqu'elle a marché 6 pas, et ils serrent à leur distance dès que leur peloton est formé.

118. Lorsqu'on veut passer de la colonne de route à la colonne avec distance, immédiatement après avoir traversé un défilé, le capitaine commandant fait son commandement dès que la tête de colonne a débouché. Le premier peloton se forme aussitôt, et les autres successivement en sortant du défilé.

119. L'escadron marchant en colonne de route, on l'exerce à se former rapidement en bataille en avant, en arrière, ou sur un des flancs de la colonne, en se ralliant derrière le capitaine commandant.

A cet effet, cet officier se porte sur le point

où il veut que son escadron se forme; il prend alors le pas et commande : *Ralliement*. Les chefs de peloton répètent ce commandement et vont au trot, ou au galop s'il est commandé, prendre derrière le capitaine commandant la place qu'ils doivent avoir sur le nouveau front. Si le capitaine commandant veut rallier l'escadron en avant ou en arrière, les chefs de peloton se placent comme dans l'*en-avant en bataille vers la gauche* (n° 99). Si le ralliement se fait sur un des flancs de la colonne, la place des chefs de peloton est celle de l'*à-droite* ou de l'*à-gauche en bataille* n° 107), ou de la formation sur *une ligne oblique* (n° 104).

Chaque peloton suit son chef en marchant *à volonté*, comme il est prescrit à l'école du peloton (n° 16), et se forme en bataille derrière lui en arrivant en ligne.

120. La colonne avec distance, ayant pris la disposition prescrite n° 92, se rallie également comme il vient d'être dit pour la colonne de route.

Charges.

121. La charge de l'escadron s'exécute en bataille et en colonne, soit en ligne déployée, soit en fourrageurs.

Les principes prescrits pour la charge du peloton sont applicables à l'escadron.

L'ennemi est représenté dans les exercices

par quatre cavaliers, dirigés par un gradé, qui sont espacés de manière à figurer les quatre chefs de peloton d'un escadron.

122. L'escadron marchant au galop, au commandement : *Pour l'attaque,* le capitaine commandant se place au centre de son escadron, sur l'alignement des chefs de peloton.

Lorsque l'escadron arrive à 60 ou 80 pas des cavaliers qui figurent l'ennemi, le capitaine commandant commande : *Chargez.*

A ce commandement, répété par tous les chefs de peloton, l'escadron se conforme à ce qui a été prescrit pour le peloton; les cavaliers qui figurent l'ennemi font demi-tour et se retirent rapidement.

Le capitaine commandant arrête la charge au commandement : *Ralliement,* répété par tous les chefs de peloton, et commandé en instruction : *Escadron = Halte,* lorsque tous les cavaliers ont repris le trot.

123. Pour rallier l'escadron en arrière, on se conforme aux principes prescrits à l'école du peloton, les chefs de peloton ayant l'attention de se placer promptement en avant du nouveau front, tant pour se retirer que pour se remettre face en tête.

124. Lorsque le capitaine commandant, dans une attaque en ligne, veut envelopper l'ennemi en débordant une de ses ailes, il prescrit au chef du peloton de droite ou de gauche de s'éloigner de l'escadron en obliquant pendant la marche offensive qui précède la charge, d'allonger l'allure et de se rabattre ensuite par une conversion sur l'aile ennemie, de manière à combiner une attaque de flanc avec une attaque parallèle.

Lorsque l'escadron se trouve au contraire menacé sur une de ses ailes, le capitaine commandant, pendant la marche offensive, ordonne au chef du peloton menacé de se détacher de l'escadron par une conversion et de faire tête à l'ennemi.

On exerce l'escadron à ce qu'il doit exécuter dans ce cas, en disposant quelques cavaliers chargés de dessiner l'hypothèse correspondante aux mouvements à exécuter.

125. Il est de principe que les attaques de cavalerie doivent toujours se ménager une réserve. L'escadron isolé ne laisse cependant un peloton derrière lui que lorsque le capitaine commandant le juge à propos. Ce peloton peut être chargé de couvrir celui des flancs de l'escadron qui serait le plus exposé, ou bien encore avoir mission d'attaquer, en l'enveloppant, une des ailes de l'ennemi, comme il a été dit précédemment.

126. L'escadron charge en colonne lorsqu'il n'a pas le temps ou l'espace nécessaire pour se déployer ou lorsqu'il s'agit de faire brèche à tout prix sur un point de la ligne ennemie.

La colonne étant en marche, au commande-

-ment : *Pour l'attaque*, le chef du premier peloton conduit son peloton à la charge ; les autres pelotons suivent à 100 pas de distance pour appuyer le mouvement.

Le chef du premier peloton, après avoir exécuté la charge, entame la poursuite ou démasque promptement le front de la colonne pour faire place à l'attaque des pelotons qui le suivent. Ceux-ci peuvent être formés en ligne ou charger successivement en partant de l'ordre en colonne.

La nature du mouvement indique que le ralliement des pelotons repoussés doit toujours se faire en arrière des fractions destinées à se soutenir.

Le capitaine commandant dirige le mouvement et charge avec la fraction d'escadron considérée comme devant contribuer plus avantageusement au succès de l'attaque.

127. L'escadron, en bataille ou en colonne, est exercé à la charge en fourrageurs, soit par tout l'escadron à la fois, soit par un ou plusieurs pelotons désignés dans la ligne ou dans la colonne.

Au commandement : *En fourrageurs*, l'escadron ou les pelotons désignés se dispersent, chargent et se rallient comme il est prescrit à l'école du peloton ; le capitaine commandant se conforme à ce qui est indiqué pour le chef de peloton.

On doit remarquer toutefois qu'il est dangereux de lancer de grandes lignes dans cet ordre ; il faut une grande discipline pour les rallier rapidement après l'attaque, et dans la plupart des cas il y a tout avantage à conserver un peloton en réserve, soit pour former le noyau du ralliement, soit pour parer aux retours offensifs de l'ennemi.

Les charges en fourrageurs se combinent, dans les exercices, avec les charges en ordre compacte. Il importe que les fourrageurs repoussés ou ralliés sur les derrières démasquent promptement les escadrons qui les suivent.

L'ennemi est toujours représenté, afin d'assurer la direction et la portée des différentes charges, mais ces simulacres demandent à être complétés par des hypothèses, parce que les règles d'application diffèrent suivant que l'on est appelé à charger de l'infanterie, de la cavalerie ou de l'artillerie.

128. La charge contre *l'infanterie* s'emploie habituellement lorsque celle-ci est déjà ébranlée, dégarnie de ses feux, ou lorsqu'il est possible de la surprendre avant qu'elle ait eu le temps de se former. Elle s'exécute de préférence sur une aile, en ligne déployée, et exceptionnellement par échelons successifs, si l'on n'a pas eu le temps ou l'espace nécessaire pour se déployer.

On charge l'infanterie en fourrageurs lorsqu'on veut seulement arrêter sa marche, sans espérer de l'enfoncer, lorsque le terrain ne permet pas de l'aborder en ordre de bataille ou lorsqu'on veut préparer la charge d'une troupe compacte qui doit succéder aux fourrageurs.

129. La charge contre *la cavalerie* s'exécute en ligne déployée et doit être précédée de manœuvres ayant pour but de gagner les flancs de l'adversaire, de le tourner, de le disposer à un faux mouvement et de se ménager l'avantage de l'impétuosité de l'attaque.

Si la cavalerie ennemie fait demi-tour avant d'être abordée, il faut charger contre elle en fourrageurs, en réservant une partie de ses forces pour parer un retour offensif.

130. On charge contre *l'artillerie* en dirigeant deux attaques distinctes : l'une contre les pièces et l'autre contre les soutiens. L'attaque contre les pièces a lieu en fourrageurs, afin d'offrir moins de prise à leur feu, et de préférence lorsque l'artillerie est en marche, lorsqu'elle se met en batterie, et lorsqu'elle a déjà souffert, ainsi que ses soutiens.

L'attaque contre les soutiens a lieu suivant les principes indiqués pour charger, soit l'infanterie, soit la cavalerie.

131. Dans les exercices, on représente les différentes armes par des cavaliers porteurs de fanions de différentes couleurs; il est bon de préparer les officiers, dès cette école, à l'emploi de ces signes conventionnels.

Tirailleurs.

132. Les instructions données à l'école du peloton sur l'emploi des tirailleurs sont applicables à l'escadron.

Lorsqu'un escadron doit se faire couvrir par un peloton, on y emploie de préférence un des pelotons des ailes ; le capitaine commandant indique au chef de ce peloton l'objet de sa mission et la zone de terrain dans laquelle il devra opérer ; celui-ci porte son peloton sur le point désigné et se conforme exactement à ce qui est prescrit à l'école du peloton.

Le peloton de tirailleurs se tient à une distance de l'escadron qui varie selon les circonstances et la nature du terrain. Cette distance doit être telle que l'escadron soit protégé contre les feux de mousqueterie de l'ennemi, sans que l'action des tirailleurs cesse d'être liée à celle de l'escadron. L'escadron, de son côté, peut choisir la position la plus avantageuse pour se mettre à l'abri, sans s'enlever cependant la possibilité d'agir offensivement.

Les tirailleurs ne doivent faire de mouvements que sur l'ordre de l'officier qui les commande ou à la sonnerie du trompette qui l'accompagne.

133. Lorsque les cavaliers sont hors de

vue de l'escadron, le capitaine fait transmettre ses ordres au chef des tirailleurs ou les lui envoie par des signaux de trompette ; s'ils sont en vue de l'escadron, le capitaine ne fait faire d'autre sonnerie que celle du *ralliement*.

134. A la sonnerie : *Ralliement des tirailleurs,* répétée par le trompette du peloton de tirailleurs, ceux-ci et la troupe de soutien se rallient suivant les principes prescrits à l'école du peloton.

135. A la sonnerie du *ralliement général,* le chef du peloton conduit son peloton rallié à l'une des ailes ou à la queue de la colonne.

136. L'escadron étant supposé faire partie d'un régiment, on l'exerce à manœuvrer en tirailleurs, en appliquant, sur une plus grande échelle, les principes donnés à l'école du peloton.

Dans ce cas, le capitaine est supposé avoir porté son escadron sur un point indiqué par le commandant du régiment ; en arrivant sur ce point, il désigne deux ou trois pelotons pour couvrir le régiment. Ceux-ci se portent, à leur tour, sur les points indiqués et se déploient en tirailleurs, comme il est prescrit à l'école du peloton.

Lorsqu'il y a deux pelotons en tirailleurs, chacun d'eux a habituellement pour ligne d'action le front d'un demi-régiment ; lorsqu'il y a trois pelotons en tirailleurs, le capitaine indique à chacun l'espace qu'il doit occuper.

Le capitaine commandant, suivi du maréchal des logis chef et ayant un trompette à sa portée, se tient habituellement à demi-distance de la réserve de l'escadron aux tirailleurs; le capitaine en deuxième, suivi du fourrier, parcourt la ligne et seconde le capitaine commandant; les officiers, ayant un trompette à leur portée, se tiennent à demi-distance de leur peloton au capitaine commandant.

Dans la marche en avant ou en retraite, une ligne de tirailleurs de plusieurs pelotons a sa direction au centre, sans que pour cela les pelotons soient astreints à se tenir strictement à la même hauteur. Les tirailleurs, les soutiens et la réserve de l'escadron devant tenir compte des circonstances du terrain, leurs mouvements de marche et d'arrêt, ainsi que leurs changements d'allure, peuvent ne pas avoir lieu simultanément: il suffit qu'ils observent les principes généraux.

137. A la sonnerie du *ralliement des tirailleurs,* répétée par les trompettes qui suivent les chefs de peloton, chaque peloton se rallie au plus vite sur son chef.

138. A la sonnerie du *ralliement général,* les pelotons de tirailleurs et la fraction de l'escadron placée en soutien se portent sur le point où s'est placé le capitaine commandant et se reforment en ligne.

139. Les tirailleurs étant ralliés par pelolons, le capitaine peut envoyer un, deux ou trois pelotons à la charge, en fourrageurs ou en ligne, dans des directions différentes, ou successivement vers le même objectif, ou bien envoyer à la fois un peloton en fourrageurs contre une batterie supposée, et un autre peloton à la charge en ligne contre le soutien de cette batterie.

140. Lorsque le capitaine commandant veut rallier les tirailleurs directement sur lui-même, il fait sonner le *ralliement général*. Les chefs de peloton, les tirailleurs et la troupe de soutien viennent se rallier sur le point où se trouve le capitaine commandant.

Combat à pied.

141. L'escadron est exercé à combattre à pied, dans les conditions et suivant les principes prescrits à l'école du peloton.

Le capitaine commandant désigne à cet effet un, deux ou trois pelotons, qui sont conduits à distance par leurs chefs comme pour combattre en tirailleurs; en arrivant sur le point indiqué, chaque chef de peloton fait exécuter ce qui est prescrit à l'école du peloton pour le combat à pied.

Le capitaine commandant dirige les mouvements des pelotons qui combattent à pied comme s'ils étaient dispersés en tirailleurs; les chefs de peloton obéissent de la même manière aux signaux ou aux ordres qui leur sont transmis par le capitaine commandant.

142. A la sonnerie : *à cheval*, répétée par les trompettes des pelotons qui combattent à pied, chaque peloton remonte à cheval et se rallie au capitaine commandant ou reste en position.

ÉCOLE DU RÉGIMENT.

---

143. L'école du régiment a pour objet d'exercer les escadrons à exécuter ensemble ce qu'ils ont appris séparément, et d'enseigner au régiment tous les mouvements qui sont utiles à son emploi, soit isolément, soit dans un corps de cavalerie plus considérable.

Le régiment se forme et se meut :

En bataille ;

En ligne de colonnes ;

En masse ;

En colonne avec distance et en colonne de route.

144. Un régiment de manœuvre est composé de quatre escadrons. Deux escadrons forment un demi-régiment ; si le régiment est réduit à trois escadrons, il n'en reste pas moins fractionné en deux demi-régiments.

Lorsque les escadrons se trouvent au-dessous de leur complet de quarante-huit files, les pelotons d'un même escadron s'égalisent entre eux, en se complétant réciproquement à douze files au premier rang.

L'escadron peut être réduit à trois et même à deux pelotons.

On peut exécuter sur un rang toute l'école du régiment, à l'exception de la colonne de route.

145. Les escadrons n'ont de place assignée que pour la formation du régiment. Pendant le cours des évolutions, ils sont désignés par la place qu'ils occupent sur la ligne ou dans la colonne. Ainsi, le premier escadron est celui qui se trouve à la droite de la ligne ou en tête de colonne.

Il en est de même des demi-régiments.

Les escadrons ne sont intervertis que dans le demi-régiment auquel ils appartiennent.

Un demi-régiment qui manœuvre isolément se forme et se meut suivant les mêmes principes que le régiment, et le chef d'escadrons qui le commande l'exerce aux évolutions contenues dans cette école.

146. Une place est assignée au colonel dans les différentes formations et lorsqu'il sert lui-même de guide au régiment, mais il n'en est pas moins libre de se porter partout où il juge sa présence nécessaire.

La place du lieutenant-colonel est également indiquée; mais cet officier supérieur se tient à proximité du colonel, lorsque le régiment s'avance à la charge, et dans tous les exercices exécutés en dehors du terrain de manœuvre.

Pendant les évolutions, les chefs d'escadrons se placent de manière à entendre les commandements du colonel et à surveiller leurs capitaines commandants

147. Lorsque le régiment est réuni à d'autres troupes, le colonel ordonne tous les mouvements à la voix ; lorsqu'il manœuvre isolément et loin de l'ennemi, le colonel peut remplacer par les sonneries adoptées dans le règlement les commandements qui leur correspondent.

148. Dans les manœuvres, le colonel s'occupe surtout de conduire les capitaines commandants. Pour attirer leur attention, il commande : *Garde à vous;* il se conforme du reste à ce qui est prescrit au capitaine commandant, à l'école de l'escadron (nº 67).

Les chefs d'escadrons surveillent les mouvements de leur demi-régiment. Ils font des commandements particuliers quand c'est nécessaire, mais ils ne répètent les commandements du colonel que lorsque ceux-ci n'ont pas été entendus.

Au commandement : *Garde à vous*, les capitaines commandants se placent de manière à entendre le commandement du colonel et à se faire entendre eux-mêmes de leur troupe. Ils répètent immédiatement les commandements préparatoires du colonel lorsque les escadrons doivent exécuter à la fois le même mouvement ; ils les répètent successivement on leur substituent un commandement particulier dans le cas de mouvements successifs ou particuliers; enfin ils répètent simultanément le commandement d'exécution, excepté dans le cas de mouvements successifs.

Le commandement d'avertissement n'est pas répété.

149. Chaque escadron n'exécute son mouvement qu'au commandement de son capitaine.

Les capitaines commandants doivent se figurer promptement la formation à prendre, et, quand le terrain le permet, ils dirigent leur escadron par le chemin le plus court vers la place qu'il doit occuper, en employant pour cela la *marche oblique*, les *changements de direction* ou la *marche de flanc,* selon la direction à prendre ou en raison du terrain.

150. Le régiment met le sabre à la main, remet le sabre et le présente au seul commandement du colonel.

Lorsque la disposition des lieux est telle que le colonel ne puisse faire entendre son commandement à tout le régiment, comme il arrive quand on marche dans une rue ou dans un chemin creux, le colonel peut faire mettre le sabre à la main ou remettre le sabre à la sonnerie de son trompette; les capitaines commandants commandent alors ce mouvement.

151. Après les conversions à pivot fixe par

pelotons, les capitaines commandants commandent : *En avant,* toutes les fois que le colonel n'a pas commandé : *Halte.*.

152. Les commandements du colonel s'adressent à tous les escadrons qui manœuvrent ensemble dans le régiment. Quand un commandement ne doit être exécuté que par une fraction du régiment, par exemple par un demi-régiment ou par un escadron, il est nécessaire de faire précéder le commandement du numéro de cette fraction.

153. Le régiment étant en bataille, en ligne de colonnes ou en masse, l'escadron de direction est celui placé à droite du centre quand le nombre d'escadrons est pair; c'est celui du centre si le nombre des escadrons est impair.

C'est sur cet escadron que les autres se règlent, quand il le faut, pour rectifier leur intervalle et leur alignement.

Si le colonel veut, par exception, désigner un autre escadron de direction que celui placé au centre ou à droite du centre, il commande : *Tel escadron, escadron de direction.*

154. Dans les évolutions où les escadrons ont à parcourir des espaces inégaux, celui qui se forme le premier est escadron de direction jusqu'à ce que le mouvement soit terminé.

155. Dans les évolutions où les escadrons parcourent des espaces égaux, par exemple, pour passer de l'ordre en bataille à la ligne de colonnes, ou pour déployer la colonne avec distance sur un de ses flancs, tous les escadrons conservent l'allure de la marche ou prennent en même temps celle ordonnée par le colonel, et ils continuent de marcher à cette allure.

Si, au contraire, les escadrons ont à parcourir des espaces inégaux, il est de règle que le mouvement s'exécute au trot ou au galop. Dans ce cas, l'escadron qui a le moins de chemin à faire pour arriver à sa place se met en mouvement au pas si l'on est de pied ferme, ou passe au pas si l'on marche au trot ou au galop, et il conserve cette allure. Les autres escadrons exécutent leur mouvement à l'allure ordonnée ou à celle de la marche, et ils prennent le pas en arrivant à leur place. Les mouvements détaillés n°ˢ 193 et 197 font seuls exception à cette règle.

156. Si le colonel veut arrêter avant que le mouvement soit terminé, il indique à l'escadron, base de formation, le point où il doit s'arrêter.

157. Le régiment marchant au pas ou étant de pied ferme, si, par exception, le colonel veut faire exécuter au pas les mouvements où les escadrons parcourent des espaces inégaux, son commandement n'ordonne pas d'allure, et il indique le point où doit s'arrêter l'escadron, base de formation.

158. Il est de principe que la cavalerie se déploie en ligne pour combattre; par conséquent, les mouvements qui ont pour but de déployer une colonne ou d'étendre un front impliquent une idée d'offensive, et il faut de préférence les exécuter aux allures vives.

159. Le colonel fait monter à cheval et mettre pied à terre comme il est prescrit à l'école de l'escadron.

Dans les exercices de longue durée, on fait mettre pied à terre dans l'ordre où l'on se trouve, toutes les fois que la troupe doit rester en place pendant quelques minutes, afin de faire reposer les hommes et les chevaux.

160. Le régiment étant en bataille, en ligne de colonnes ou en masse, est aligné par les commandements prescrits à l'école de l'escadron. En bataille, le colonel aligne lui-même les chefs de peloton de l'escadron base d'alignement; les capitaines commandants se portent à l'aile opposée au côté de l'alignement, pour aligner leurs chefs de peloton, et ils reprennent leur place de bataille au commandement : *Fixe,* du colonel. En ligne de colonnes ou en masse, le colonel aligne les officiers placés en tête de colonne, et, dans chaque escadron, les autres officiers se règlent sur eux.

161. Pour ouvrir et serrer les rangs, ainsi

que pour faire reculer le régiment, le colonel se conforme à ce qui est prescrit pour l'escadron. Ce dernier mouvement s'exécute aux commandements : *Escadrons en arrière = marche*.

162. Le régiment étant dans un ordre quelconque, on lui fait gagner du terrain vers l'un de ses flancs par le mouvement de *Pelotons à droite* ou *à gauche;* on le met face en arrière et on le remet face en tête au moyen du demi-tour par pelotons.

163. Le colonel fait obliquer le régiment, dans un ordre quelconque, comme il est prescrit pour l'escadron, mais ce mouvement ne doit être exécuté qu'exceptionnellement.

Ligne de bataille.

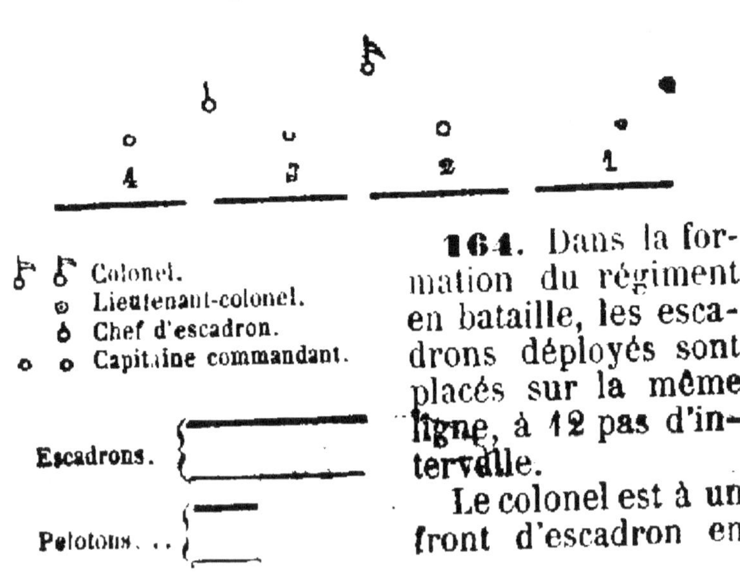

164. Dans la formation du régiment en bataille, les escadrons déployés sont placés sur la même ligne, à 12 pas d'intervalle.

Le colonel est à un front d'escadron en

avant du centre du régiment. Lorsqu'il prend lui-même la direction de la marche en bataille, il se place à la même distance du front, mais devant le capitaine commandant de l'escadron de direction.

Les autres officiers supérieurs sont à un front de peloton en arrière du colonel; le lieutenant-colonel à hauteur de la droite du régiment, les chefs d'escadrons devant le centre de leur demi-régiment.

165. L'ordre en bataille s'emploie particulièrement pour charger l'ennemi. Il résulte de là que le mouvement le plus important est la marche de front; et il faut, en conséquence, exercer le régiment à faire des marches en bataille sur de longues lignes, toutes les fois que le terrain le permet.

La ligne déployée trouve encore son emploi lorsqu'on est obligé de rester à découvert sous le feu de l'artillerie ennemie.

166. Le régiment étant en bataille, pour le faire marcher en avant, le colonel commande : *Escadron en avant = marche*, ou.... = *Au trot (au galop); = Marche.* Les escadrons se mettent en mouvement comme il est prescrit à l'école de l'escadron (n° 73).

Le colonel choisit un point de direction aussi éloigné que possible, et il l'indique à haute voix au capitaine commandant de l'escadron de direction, qui marche droit sur ce point.

Les autres capitaines commandants marchent à une allure bien égale, dans une direction parallèle à celle indiquée par le colonel, de manière à conserver leur intervalle et l'alignement général.

Lorsque le colonel sert de guide au régiment, le capitaine commandant de l'escadron de direction se maintient à un demi-front d'escadron derrière lui.

Il ne faut pas tenir outre mesure à la conservation des intervalles, car ils n'ont pour objet que de donner le jeu nécessaire à la facilité de la marche, et d'empêcher que les fautes qui se commettent dans un escadron se propagent dans les escadrons voisins.

Lorsqu'un capitaine commandant s'aperçoit qu'il perd son intervalle, il ne rectifie que peu à peu sa direction.

167. Si les obstacles se présentent devant le front d'un peloton, il se conforme à ce qui est prescrit à l'école de l'escadron (n° 75). Si cet obstacle se présente devant le front d'un escadron entier, le capitaine le porte derrière l'autre escadron du même demi-régiment, par le mouvement de *Pelotons à droite* ou *à gauche*, en doublant l'allure, et il remet en ligne par le même mouvement lorsqu'il a dépassé l'obstacle.

168. Le régiment marchant en bataille, le colonel l'arrête aux commandements : *Escadrons = halte.*

169. Le régiment étant en bataille, on le

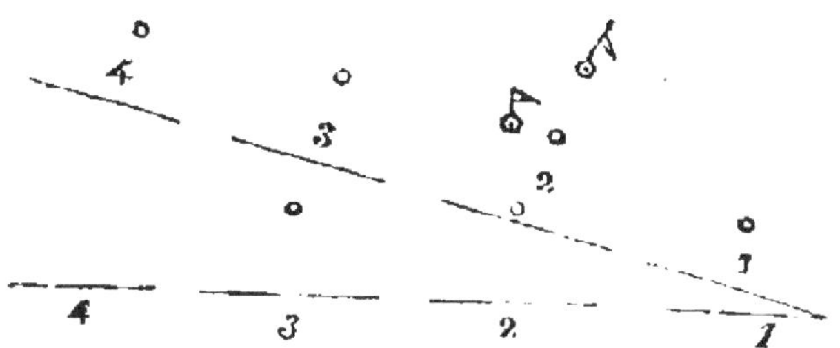

fait converser à pivot fixe aux commandements : *Régiment à droite (ou à gauche) =
marche ;* ou.... *= Au trot (au galop) =
marche ;* et *Régiment = halte,* ou *en = avant.* Cette conversion s'exécute comme il
est prescrit pour l'escadron (nº 83), les capi-
taines commandants réglant leur marche en
raison du mouvement que doit faire le régiment. On ne l'emploie que lorsqu'il s'agit de
faire avancer l'une des ailes.

Ligne de colonnes.

170. Dans cet ordre, les escadrons, formés en colonne avec distance, sont disposés
parallèlement, ayant leur tête à la même
hauteur et des intervalles égaux au front
d'un escadron en bataille.

Les capitaines commandants sont placés
comme dans l'ordre en colonne (nº 91). Le
colonel et les officiers supérieurs sont à la

même distance des capitaines que dans l'ordre en bataille (n° 164).

171. La ligne de colonnes possède une grande mobilité et se prête avec avantage aux mouvements en terrain varié. Elle permet de se déployer rapidement en bataille, et c'est la meilleure formation préparatoire avant une attaque de front.

172. Pour passer de la ligne de bataille à la ligne de colonnes, le colonel commande : *En ligne de colonnes ;* = *Marche,* ou.... = *Au trot (au galop) :* = *Marche.* Les escadrons rompent à la fois comme il est prescrit n° 87.

173. S'il veut rompre les escadrons par la gauche, le colonel commande : *Par la gauche en ligne de colonnes....,* et les escadrons rompent comme il est prescrit n° 88.

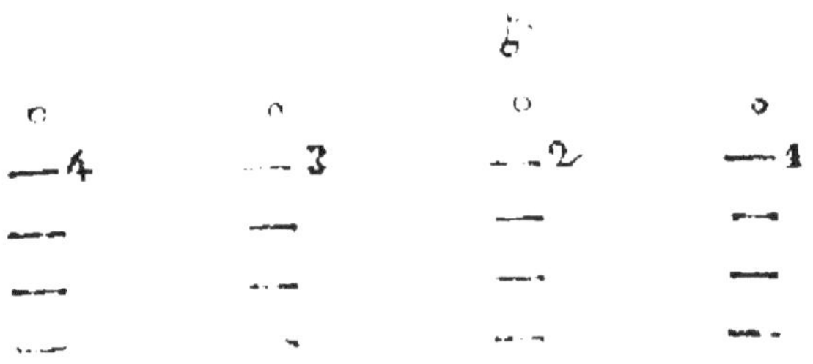

174. Le régiment en ligne de colonnes marche et converse suivant les mêmes principes qu'en bataille. Le colonel l'arrête et le remet en marche aux mêmes commandements, mais les capitaines commandants commandent : *Colonné = halte*, et : *Colonne en avant = marche*.

175. Pour passer de la ligne de colonnes à la ligne déployée, le colonel commande : *Vers la droite (ou vers la gauche) en avant en bataille;* = *Au trot (au galop); Marche,* ou.... = *Marche,* si la ligne de colonnes est au trot ou au galop. Chaque escadron se forme en bataille (n°s 99 et 100).

Masse.

176. Dans la formation en masse, les escadrons sont disposés comme dans la ligne de colonnes, mais à 12 pas seulement d'intervalle. La place des officiers est la même.

177. La masse permet de placer les escadrons sur un espace restreint, en leur conservant assez d'indépendance pour la facilité de la marche et pour le déploiement. On peut faire mouvoir la cavalerie dans cet ordre sur le champ de bataille, lorsqu'elle n'est pas exposée au feu de l'artillerie.

Quand la masse est employée comme formation de rendez-vous, ou pour abriter la cavalerie, on peut diminuer les intervalles entre les colonnes et même les supprimer.

Former la masse étant en bataille.

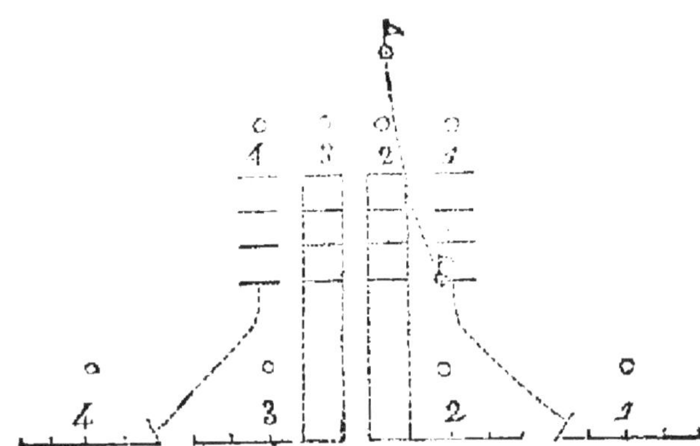

178. Cette formation se fait de préférence
sur les escadrons du centre. Le colonel commande alors : *Formez la masse;* $=$ *Au trot
(au galop);* $=$ *Marche,* ou.... $=$ *Marche,* si
le régiment est au trot ou au galop. Les escadrons du centre rompent : le deuxième par
la gauche en avant en colonne, le troisième
en avant en colonne. Le premier escadron
rompt à gauche en colonne, le quatrième à
droite en colonne, et leurs capitaines commandants les conduisent à la place qu'ils doivent occuper dans la masse.

179. Pour former la masse sur une des
extrémités de la ligne, le colonel commande :
Sur le premier (ou *sur le quatrième) escadron formez la masse....* Dans le premier
cas, le premier escadron rompt en avant en

colonne, et les escadrons de gauche se conforment à ce qui est prescrit n° 178 pour le quatrième escadron. Dans le second cas, le quatrième escadron rompt par la gauche en avant en colonne, et les escadrons de droite exécutent ce qui est prescrit au même numéro pour le premier escadron.

Former la masse étant en ligne de colonnes.

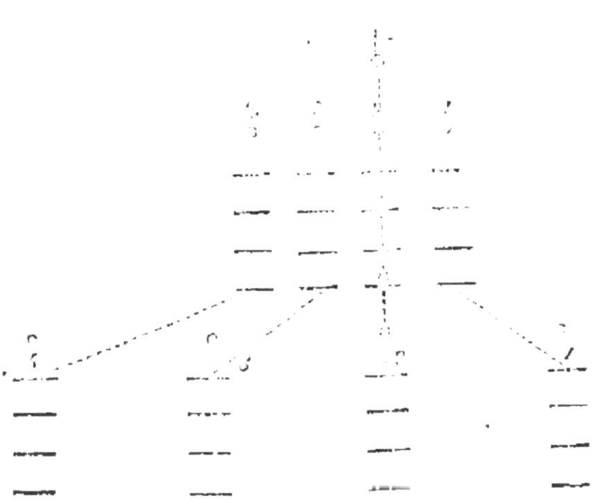

180. Le colonel commande : *Sur tel escadron formez la masse;* ⹀ *Au trot (au galop);* = *Marche,* ou.... = *Marche,* si la ligne de colonnes est au trot ou au galop. L'escadron désigné marche droit devant lui; les autres sont conduits à la place qu'ils doivent occuper dans la masse.

181. On se conforme, pour mouvoir la

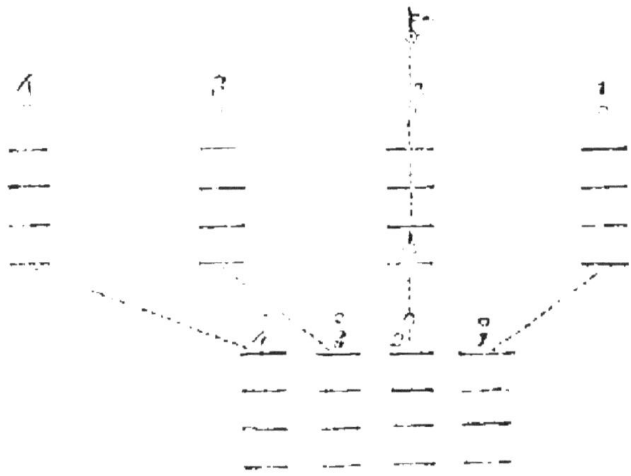

masse, aux principes prescrits pour la ligne de colonnes (n° 174).

Déployer la masse.

182. Pour déployer la masse en ligne de colonnes, le colonel commande : *Sur tel es-*

cadron en ligne de colonnes: == Au trot (au galop); == Marche, ou... == Marche, si la masse est au trot ou au galop. L'escadron désigné marche droit devant lui; les autres sont conduits vers la place qu'ils doivent occuper en ligne de colonnes.

183. Si, par exception, on veut déployer directement la masse en bataille, le colonel commande: *En avant en bataille;* == *Au trot (au galop):* == *Marche,* ou.... == *Marche,* si

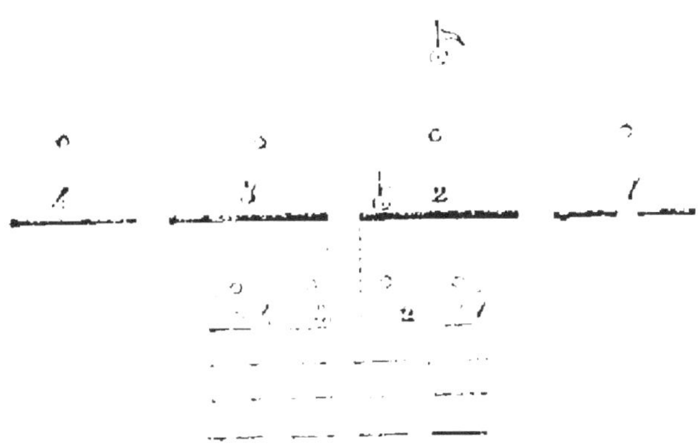

la masse est au trot ou au galop. Les escadrons du centre se forment en avant en bataille : le deuxième escadron vers la droite, le troisième vers la gauche. Ceux des ailes gagnent extérieurement le front d'un escadron et se forment ensuite en bataille.

184. Pour former la masse en bataille d'un seul côté, le colonel commande : *Vers la*

droite (ou *vers la gauche*) *en avant en bataille....* L'escadron de gauche (ou de droite)
se déploie du côté indiqué ; les autres gagnent
l'espace nécessaire et se forment successivement en bataille du même côté.

185. Le régiment étant en masse, si le colonel fait exécuter le mouvement de *Pelotons
à droite* ou *à gauche*, le régiment se trouve
formé en *colonne serrée*, avec 18 pas de distance d'un escadron à l'autre.

Les capitaines commandants se placent sur
le flanc, à l'exception de celui de la tête, qui
marche devant le centre de son escadron.

186. La colonne serrée convient comme
formation préparatoire avant d'exécuter des
charges successives. Elle permet, comme la
masse, de placer les escadrons sur un espace
restreint, mais elle est beaucoup moins sou-
ple que cette dernière, qui doit lui être pré-
férée.

187. Pour passer de la colonne serrée à la
colonne par escadrons à distance entière, formation en usage pour défiler, le colonel commande : *Par la tête de la colonne prenez les
distances ; = Marche.* Le capitaine commandant du premier escadron porte son escadron
en avant, et les autres escadrons exécutent le
même mouvement lorsqu'ils sont à leur distance de celui qui les précède.

Si, pour défiler, la colonne par escadrons
doit changer de direction, chaque escadron

exécute successivement ce qui est prescrit n° 84.

188. Lorsque le colonel veut, par exception, déployer la colonne serrée sans revenir à la masse, il commande : *Vers la droite (ou vers la gauche) en avant en bataille; = Au trot (au galop); = Marche, ou... = Marche,* si la colonne est au trot ou au galop. L'escadron de tête marche droit devant lui au pas, et les autres viennent se former successivement en bataille par le mouvement de *Pelotons à droite (ou à gauche)* suivi de celui de *Pelotons à gauche (ou à droite).*

189. Pour déployer la colonne serrée des deux côtés à la fois, le colonel commande : *En avant en bataille....* Le premier demi-régiment se déploie alors vers la droite et le deuxième vers la gauche.

Colonne avec distance.

190. Dans cet ordre, les escadrons, formés en colonnes par pelotons, sont disposés les uns derrière les autres, ayant entre eux la distance d'un peloton à l'autre, plus l'intervalle d'escadron.

Les officiers supérieurs et les capitaines commandants, sauf celui de l'escadron de tête, se tiennent sur le flanc de la colonne où se porte le colonel.

Quand le colonel dirige lui-même la colonne, il se place en avant de la tête.

191. La colonne avec distance, dont le front est peu étendu, s'emploie avantageusement pour marcher en terrain varié, parcourir de longues distances, et pour passer un défilé. Elle peut se déployer dans tous les sens et se forme très-rapidement en bataille sur ses flancs.

Former la colonne avec distance étant en bataille, en ligne de colonnes ou en masse.

192. Le régiment étant en bataille ou en ligne de colonnes, pour le former en colonne avec distance vers l'un de ses flancs, le colonel commande : *A droite* (ou *à gauche*) *en colonne;* = *Marche,* ou.... = *Au trot (au galop);* = *Marche.*

Si le régiment est en bataille, les escadrons rompent à droite (ou à gauche) en colonne (n° 86).

Si le régiment est en ligne de colonnes, les escadrons changent de direction ensemble pour se mettre en colonne.

193. Le régiment étant en bataille, pour le rompre en colonne avec distance en avant de son front, le colonel commande : *Sur tel escadron en avant en colonne;* = *Marche,* ou.... = *Au trot (au galop);* = *Marche.* L'escadron désigné rompt en avant en colonne. Les autres rompent à droite ou à gauche en colonne, selon qu'ils se trouvent à gauche ou à droite de l'escadron base de formation, et ils ne se portent en avant pour entrer dans la colonne que lorsqu'ils ont l'espace nécessaire.

194. Les escadrons du même demi-régiment se suivent.

195. L'escadron désigné par le commandement du colonel exécute sa rupture sur le peloton qui se trouve à l'aile du demi-régiment dont il fait partie.

196. Le régiment étant en ligne de colonnes, pour le former en colonne avec distance en avant de son front, le colonel fait les mêmes commandements qu'en bataille (nº 193). L'escadron désigné marche droit devant lui; les autres changent de direction et vont successivement prendre rang dans la colonne, suivant l'ordre prescrit nº 194.

197. Le régiment étant en masse, on le forme en colonne avec distance sur ses flancs ou en avant de son front par les commandements prescrits nº 192 et 193. L'escadron sur lequel s'opère la rupture se porte du côté indiqué par le commandement; les autres restent de pied ferme, ou s'arrêtent si l'on est en marche, et ne se mettent en mouvement que lorsqu'ils ont le terrain nécessaire pour entrer successivement dans la colonne, suivant l'ordre prescrit n° 194.

198. Les principes de la marche en colonne avec distance, prescrits à l'école de l'escadron (n°s 91 à 97), sont applicables au régiment.

Lorsque le colonel ne dirige pas lui-même la colonne, il indique le point de direction au capitaine commandant de l'escadron de tête, qui est alors chargé de diriger la marche.

Déployer la colonne avec distance.

199. La colonne avec distance peut se déployer en ligne de colonnes ou en bataille, sur une ligne parallèle, oblique ou perpendiculaire à son front.

Il est de la plus grande importance qu'après tout déploiement le régiment marche exactement dans la direction choisie par le colonel. A cet effet, celui-ci aura l'attention de se placer, pour commander le déploiement, sur la ligne que devra suivre l'escadron de direction.

Déployer la colonne avec distance en ligne de colonnes.

200. D'après le principe énoncé n° 171, il est toujours préférable de passer de la colonne avec distance à la ligne de colonnes avant de se déployer pour la charge, lorsqu'on marche directement à l'ennemi.

201. Pour déployer en avant d'un seul côté, le colonel commande : *Vers la droite* (ou *vers la gauche*) *en avant en ligne de colonnes ;* = *Au trot* (*au galop*) ; = *Marche, ou…* = *Marche,* si la colonne est au trot ou au galop. L'escadron de tête marche droit devant lui ; les autres sont conduits du côté indiqué par le commandement vers la place qu'ils doivent occuper en ligne de colonnes.

202. Pour déployer la colonne avec distance vers la droite et vers la gauche, le colonel commande : *En avant en ligne de colonnes….* Le deuxième escadron se porte à droite du premier, le troisième et le quatrième à gauche.

203. Pour déployer la colonne avec distance en ligne de colonnes sur une ligne oblique, le colonel commande : *Demi-à-droite* (ou *demi-à-gauche*) *en ligne de colonnes ;* — *Au trot* (*au galop*) ; = *Marche,* ou…. *Marche,* si la colonne est au trot ou au galop.

Tous les escadrons exécutent le changement
de direction indiqué par le commandement.

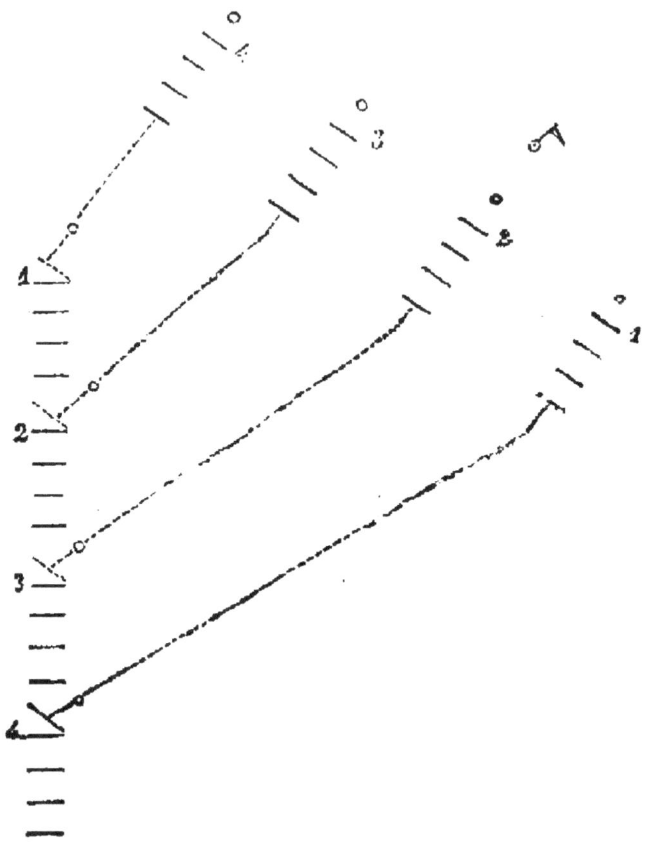

Le premier escadron marche ensuite droit
devant lui ; les autres sont conduits à la place
qu'ils doivent occuper en ligne de colonnes.

204. Pour déployer la colonne avec distance en ligne de colonnes sur un de ses
flancs, le colonel commande : *A droite* (ou *à
gauche) en ligne de colonnes; = Marche,*

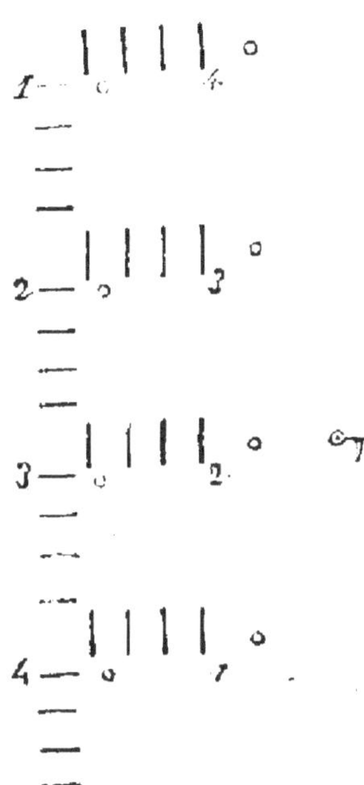

ou.... = *Au trot (au galop); = Marche.* Les
capitaines commandants font exécuter le
changement de direction indiqué par le commandement, et, le mouvement achevé, les
escadrons se portent droit devant eux.

Former la masse étant en colonne avec distance.

205. Ce mouvement s'exécute aux commandements : *Vers la droite* (ou *vers la gauche*) *en avant formez la masse*; = *Au trot* (*au galop*); = *Marche, ou....* = *Marche*, si la colonne est au trot ou au galop; ou bien aux commandements : *En avant formez la masse....* Les escadrons se conforment à ce qui est prescrit nos 204 et 202, pour déployer en ligne de colonnes, avec cette différence qu'ils prennent entre eux l'intervalle de masse.

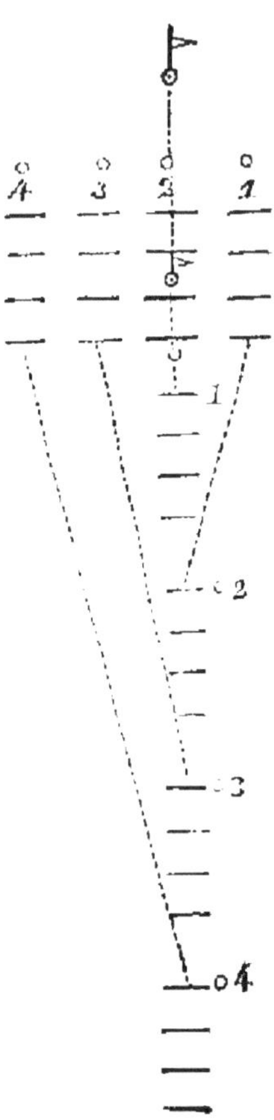

206. Lorsqu'on veut former la masse sur une ligne oblique ou sur un des flancs de la colonne, le colonel fait entrer la tête de colonne dans la nouvelle direction, et il commande ensuite la formation du côté où l'on a tourné.

Déployer la colonne avec distance en bataille.

207. La formation en avant en bataille étant relativement lente, on doit éviter de déployer ainsi la colonne avec distance lorsqu'on est devant l'ennemi.

La formation sur une ligne oblique se fait à peu près moitié plus vite que la précédente.

Quant au déploiement sur un des flancs, il s'exécute avec une grande rapidité.

208. Le régiment étant en colonne avec distance, pour le former en avant en bataille d'un seul côté, le colonel commande : *Vers la droite* (ou *vers la gauche*) *en avant en bataille; = Au trot (au galop); = Marche*, ou.... = *Marche*, si la colonne est au trot ou au galop. Le premier escadron se forme du côté indiqué; les autres sont conduits du même côté; puis, lorsqu'ils ont gagné l'espace nécessaire et que leur tête de colonne arrive à un front de peloton de la ligne de bataille, les capitaines commandants commandent le déploiement.

209. Quand le colonel veut exécuter le déploiement des deux côtés à la fois, ce qui doit être le cas le plus habituel, il commande: *En avant en bataille....* Le premier demi-régiment se déploie alors vers la droite et le deuxième vers la gauche.

210. Si le demi-régiment manœuvre seul, le premier escadron se déploie vers la droite et le deuxième vers la gauche.

211. Pour déployer la colonne avec distance sur une ligne oblique, le colonel commande : *Demi-à-droite* (ou *demi-à-gauche*) *en bataille;* = *Au trot (au galop);* = *Marche,* ou.... = *Marche,* si la colonne est au trot ou

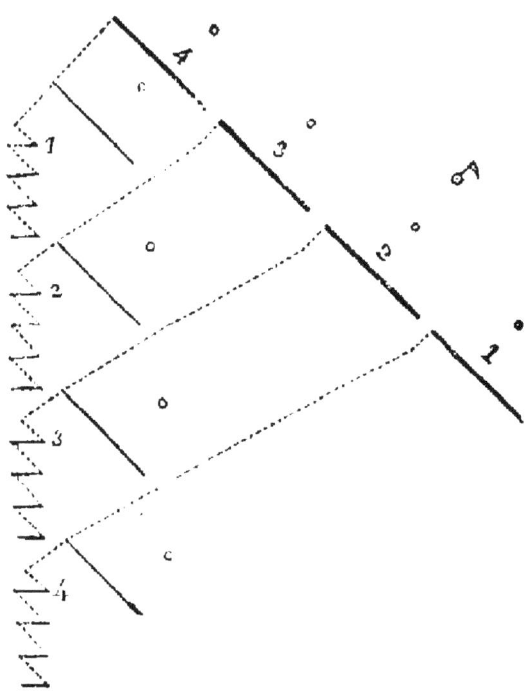

au galop. Chaque escadron se déploie obliquement comme il est prescrit à l'école d'escadron (n° 104). Lorsque ces déploiements sont exécutés, l'escadron de tête marche droit devant lui ; les autres sont conduits à la place qu'ils doivent occuper en bataille.

212. Pour déployer la colonne sur un de ses flancs, le colonel commande : *A droite* (ou *à gauche*) *en bataille ;* = *Marche,* ou.... = *Au trot* (*au galop*) ; = *Marche.* Les escadrons se forment du côté indiqué et se portent en avant si le colonel ne commande pas : *Halte.*

Colonne de route.

213. La colonne de route est formée de cavaliers par quatre ou par deux.

Son nom indique l'emploi de cette colonne, qui sert en outre à passer des défilés longs et étroits.

Dans les routes, le colonel fixe la distance qui doit séparer les escadrons, mais ils serrent l'un sur l'autre quand il s'agit de passer un défilé.

214. Les escadrons se forment en colonne de route suivant les principes prescrits à l'école de l'escadron (n° 108), chacun d'eux rompant successivement pour prendre place dans la colonne à la distance ordonnée.

215. Pour passer de la colonne de route à la colonne avec distance, chaque escadron se forme d'abord sur lui-même (n° 115), et il serre ensuite à sa distance, à l'allure employée pour former les pelotons.

216. Pour passer de la colonne avec distance à la colonne de route, chaque escadron exécute le mouvement comme il est prescrit n° 116, en prenant la distance indiquée par le colonel.

217. Si le colonel veut déployer la colonne de route, sans former d'abord la colonne avec distance, ce qui ne doit avoir lieu qu'exceptionnellement, le mouvement s'exécute en avant, au commandement : *Vers la gauche en avant en bataille....* Le premier escadron se forme en avant en bataille comme il est prescrit n° 112 ; les autres sont conduits du côté indiqué et se forment successivement en bataille.

218. Le ralliement du régiment s'exécute suivant les principes prescrits pour l'escadron (n°ˢ 119 et 120). Dans le ralliement en avant ou en arrière, les escadrons vont prendre derrière le colonel la place qui leur est assignée dans la formation en avant en bataille (n° 209).

219. Si le colonel veut faire exécuter simultanément dans tous les escadrons, ou dans les demi-régiments, certains mouvements tels que changements de direction, ruptures ou

formations en bataille, *il fait précéder le commandement de l'indication : Dans chaque escadron,* ou : *Dans chaque demi-régiment.*

Dans ce dernier cas, les chefs d'escadrons
font les commandements correspondants à
ceux du colonel, et les capitaines ne commandent eux-mêmes qu'après avoir entendu le
commandement de leur chef d'escadrons.

220. Les deux demi-régiments, formés en
colonne avec distance, peuvent être accolés
l'un à l'autre, avec un intervalle qui variera
en raison du terrain et des ordres du colonel,
de manière à former une *colonne double.*

221. La colonne double a l'avantage d'occuper moins de profondeur que la colonne
avec distance et d'exiger moins de temps
pour se déployer en avant.

Ce déploiement de la colonne double s'exécute du reste aux commandements et suivant
les principes prescrits pour la colonne avec
distances (n°s 202 et 209).

222. Lorsque le colonel veut porter le régiment en avant, en le disposant en échelons
par demi-régiment, il désigne le demi-régiment qui doit marcher droit devant lui, et il
indique à celui qui forme le deuxième échelon la distance et l'intervalle qu'il doit avoir
par rapport au premier.

Chaque demi-régiment exécute ensuite son
mouvement au commandement de son chef
d'escadrons, en conservant sa formation.

Pour porter le régiment en arrière, en prenant la même disposition, le colonel désigne le demi-régiment qui reste face en tête, et il fait connaître à l'autre s'il continuera de marcher en arrière jusqu'à nouvel avis, ou à quelle distance il devra s'arrêter et se remettre face en tête. Le demi-régiment maintenu en avant se retire au moment indiqué par le colonel. Si l'échelon qui l'a précédé dans la marche en arrière s'est remis face en tête, l'autre va prendre par rapport à lui la place que lui désigne le colonel.

La marche en retraite peut s'exécuter ainsi, soit en conservant, soit en alternant la position respective des échelons.

Le colonel modifie la force respective des échelons lorsqu'il le juge à propos.

Charges.

223. Le régiment exécute les exercices de la charge en se conformant d'une manière générale à ce qui est prescrit aux écoles de l'escadron et du peloton.

L'ennemi est représenté par un nombre d'escadrons égal à celui dont le régiment est composé. Ces escadrons, figurés comme il est dit à l'école de l'escadron (n° 121), sont placés sous la direction d'un officier.

224. Le régiment est d'abord formé sur une seule ligne.

Au commandement : *Pour l'attaque,* les chefs d'escadrons et les capitaines commandants ralentissent l'allure, pour se placer sur l'alignement des chefs de peloton, les chefs d'escadrons au centre de leur demi-régiment.

Avant de commander : *Chargez,* le colonel, ayant à sa droite le lieutenant-colonel et derrière lui les mêmes officiers que dans l'ordre en bataille, se place au centre du régiment, à hauteur des officiers.

Au commandement : *Chargez,* répété par tous les officiers, les escadrons se lancent *bien droit,* et les intervalles se ferment par suite de l'allongement du front, qui résulte naturellement de la rapidité de l'allure.

Pour les différentes charges, comme pour les ralliements, on se conforme à ce qui est prescrit aux écoles précédentes. Tous les officiers répètent le commandement : *Ralliement.*

Le trompette qui suit le colonel fait les sonneries correspondantes aux commandements : *Chargez* et *Ralliement.* Les trompettes qui accompagnent les capitaines commandants font les mêmes sonneries.

---

225. Lorsqu'un régiment n'est pas directement appuyé par d'autres troupes, il doit, en principe, se constituer une réserve.

Cette réserve, qui peut varier d'un demi-escadron à un escadron entier, a pour but de garantir contre une attaque les flancs et les derrières des escadrons en première ligne, de les soutenir dans un moment décisif, de coopérer à la poursuite, de repousser un retour offensif, ou, si le combat prend une tournure défavorable, d'arrêter l'ennemi dans son succès.

Cette mission exige que le commandant de la réserve, lequel peut être un chef d'escadrons, jouisse d'une grande indépendance, mais sans qu'il cesse pour cela d'être à portée de recevoir les ordres du colonel.

A moins d'ordres contraires, la réserve reste liée à la masse; elle serre à la queue du régiment quand il marche en colonne avec distance, et ne se détache du gros que lorsque celui-ci se forme en ligne de colonnes ou en bataille.

Habituellement la réserve est formée en colonne avec distance et se tient de 150 à 300 pas en arrière des escadrons en première ligne, formant échelon en dehors de l'une des ailes.

Les conditions du terrain, les dispositions de l'ennemi, les desseins du colonel, décident de l'aile derrière laquelle doit être placée la réserve, mais il est de règle qu'elle protége l'aile la plus exposée aux attaques de la réserve ennemie. Si l'on exécute une attaque de flanc, la réserve se trouve ainsi naturellement placée en arrière de l'aile qui se présente à l'ennemi.

226. Indépendamment de la réserve, et lorsqu'on veut protéger plus directement les flancs des escadrons en première ligne, on dispose un peloton en échelon à 50 pas environ derrière chaque aile.

Ces pelotons, auxquels on donne le nom de *garde-flancs*, sont ainsi tout disposés pour prendre en flanc la troupe ennemie qui tenterait d'attaquer de cette manière la première ligne. Ils sont fournis soit par les pelotons des ailes, soit par l'escadron de réserve quand cette réserve est réduite à deux pelotons.

Si des circonstances, telles qu'un obstacle de terrain ou la proximité d'autres troupes, mettent l'une des ailes à l'abri d'une attaque, l'aile exposée est seule pourvue d'un garde-flanc.

Lorsqu'un demi-régiment opère isolément, il n'a pas d'autre réserve que les garde-flancs.

227. Après avoir disposé le régiment conformément à ce qui précède, le colonel le conduit vers l'ennemi figuré. Les garde-flancs ainsi que la réserve conservent la place qui leur a été assignée, et ils veillent particulièrement à ne pas augmenter la distance qui les sépare de la première ligne.

---

228. Le colonel varie les exercices à son gré. Il fait intervenir les garde-flancs et la réserve, soit dans les attaques parallèles, soit dans les attaques obliques, en limitant parfois leur rôle à une simple démonstration. Il combine les charges en ligne avec celles en fourrageurs ; les premières s'exécutent soit par le front entier, soit en échelons, soit enfin par escadron en partant de la masse ou de la colonne par escadrons ; les charges en fourrageurs apparaissent : tantôt comme prélude, tantôt comme terminaison d'une attaque en ligne, et la force de la troupe qui les exécute peut varier d'un peloton à un escadron entier.

229. Il faut écarter de cette instruction toute idée de spectacle. Chaque manœuvre doit avoir un but tactique et reposer sur une hypothèse simple et nettement définie. Ces exercices sont d'abord concertés d'avance, le colonel laisse ensuite à l'officier qui dirige l'ennemi figuré l'initiative des mouvements.

230. Lorsque le régiment est en présence de l'ennemi, le colonel se porte fréquemment en avant de sa troupe, afin d'apprécier par lui-même les conditions du terrain et les phases du combat, et de choisir en conséquence la disposition à prendre ainsi que le moment et le point favorables à l'attaque. Il donne alors momentanément le commandement au lieutenant-colonel.

231. Après qu'il s'est fixé clairement son but, un chef de cavalerie doit y marcher résolûment, ne pas s'en laisser détourner, et employer pour l'atteindre des moyens toujours simples.

Le principes essentiels qui doivent guider le chef dans ces résolutions peuvent se résumer ainsi : attaquer le premier, et, s'il a laissé l'ennemi prendre l'offensive, le prévenir toujours dans la charge; chercher à attaquer par surprise, et s'efforcer de prendre l'ennemi de flanc ou même à revers; en toute circonstance, se ménager jusqu'à la fin une réserve, quelque faible qu'elle soit.

La rapidité de la marche et le parti qu'on saura tirer des couverts et des mouvements du terrain pour se dérober à la vue de l'ennemi donneront les moyens d'attaquer par surprise et de frapper l'adversaire avant qu'il ait pris ses dispositions. Si l'on peut le prendre de flanc, le succès sera d'autant plus certain, et une troupe relativement faible peut en toute confiance exécuter une attaque de flanc; l'effet moral produit par ce genre d'attaque, la rapidité avec laquelle on doit tomber sur l'ennemi, ainsi que la direction de la charge, bien plus que le nombre, décident ici du succès.

232. Il est parfois avantageux d'entamer le combat par une fausse attaque, opérée par une faible portion de la troupe, soit pour masquer l'attaque véritable ou engager l'ennemi à faire un faux mouvement, soit pour l'entraîner dans une poursuite imprudente.

233. La disposition en échelons doit trouver des applications nombreuses. Elle donne les moyens de porter vers l'ennemi ou de lui refuser l'une ou l'autre aile; de ménager nos forces en n'engageant que la portion qui doit combattre; de faire des attaques successives; enfin de déborder la ligne ennemie et de l'envelopper. Cette disposition, à la fois menaçante et défensive, laisse aux troupes qui sont en arrière une grande liberté de manœuvres, tout en leur donnant la position la plus favorable pour protéger les troupes les plus avancées.

La place assignée aux garde-flancs et à la réserve résulte des avantages que présente la disposition en échelons, laquelle trouve encore un emploi particulièrement favorable pour balancer la supériorité qu'a l'ennemi lorsque sa ligne est plus étendue. Enfin, si la disposition en échelons peut servir à engager le combat, c'est surtout pour se retirer, en maintenant l'ennemi en respect, que son utilité est manifeste. Dans ce cas, son emploi est tout indiqué.

234. Lorsque tous les escadrons du régiment ne doivent pas charger à la fois, le colonel règle l'action de chacun d'eux d'après les conditions et les phases du combat, et il ne charge de sa personne qu'au moment décisif.

235. Afin de maintenir de l'ensemble dans

la charge et de lui donner toute son impétuosité, il est fort important de ne pas allonger trop tôt le galop, car on compromet toujours le succès d'une charge en prenant de trop loin l'allure extrême. C'est à courte distance que doit être fait le commandement : *Chargez*, et chacun se précipite alors sur l'ennemi de toute la vitesse de son cheval. L'élan des officiers fait plus que tout le reste pour le succès. Ils doivent être l'exemple du soldat et entrer les premiers dans les rangs ennemis. Une fois dans la mêlée, chacun ne songe qu'à frapper, surtout de la pointe.

236. Le combat étant engagé et les circonstances devenant pressantes, si le commandant de la réserve ne reçoit pas d'ordres, il est tenu d'agir de son propre chef, en s'inspirant des principes énoncés pour l'emploi de la réserve.

237. La charge ne peut avoir de résultat décisif que si la poursuite complète le succès obtenu.

Les escadrons qui chargent poursuivent donc l'ennemi jusqu'à ce qu'ils soient rappelés par la sonnerie du ralliement. Les garde-flancs et la réserve suivent en bon ordre, afin d'être en mesure de faire face aux réserves ou à un retour offensif de l'ennemi. Une partie de ces dernières troupes peut aussi prendre part à la poursuite, surtout lorsqu'une mêlée a suivi la charge ou lorsqu'une portion des escadrons engagés a été ralliée et constitue une réserve. Dans ce dernier cas, la totalité des troupes d'abord en réserve peut être employée à la poursuite.

238. Lorsque la cavalerie ennemie tourne bride avant que la charge ne soit lancée, il est prudent, dans la crainte d'un piége, de ne la faire poursuivre que par une partie de la ligne, qui se disperse en *fourrageurs*, le reste du régiment suivant en bon ordre.

239. Dans le cas où les escadrons engagés sont ramenés, il faut attendre pour les rallier que la poursuite de la cavalerie ennemie se ralentisse, ou qu'ils ne soient plus exposés à l'intensité du feu de l'infanterie ou de l'artillerie. Vouloir les rallier plus tôt, ce serait s'épuiser en efforts inutiles.

240. Lorsqu'il est à proximité de l'ennemi, le régiment se fait éclairer sur chacun de ses flancs par une *patrouille de combat*, composée d'un officier et de deux ou trois cavaliers. Ces patrouilles sont chargées de renseigner le colonel sur les mouvements de l'ennemi, et elles continuent leur service de surveillance pendant toute la durée de l'action.

241. Chaque escadron est précédé, à 200 pas environ, d'un cavalier chargé de signaler les obstacles qui pourraient arrêter la marche et de chercher les passages. Au moment de l'attaque, le rôle de ces *éclaireurs du terrain* a une importance particulière pour empêcher la troupe qui s'avance à la charge de se heurter à un obstacle de terrain. En arrivant à proximité de l'ennemi, ils se laissent rejoindre par le régiment et chargent avec lui.

TABLE DES MATIÈRES.

ÉCOLE DU PELOTON A CHEVAL.

ÉCOLE DE L'ESCADRON A CHEVAL.

ÉCOLE DU RÉGIMENT.